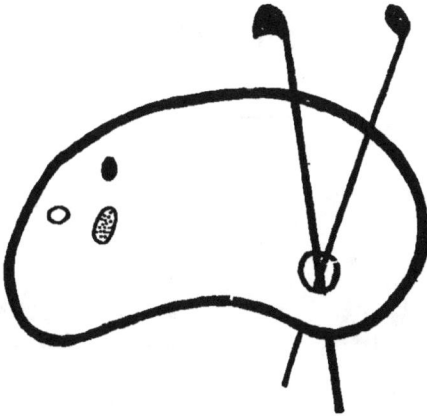

COUVERTURE SUPERIEURE ET INFERIEURE
EN COULEUR

MAURICE FAUSTE

LA-BAS

PROMENADE EN ALSACE

EN 188...

> « Que chacun dise ce qu'il a
> vu et seulement ce qu'il a vu;
> les observations, pourvu qu'el-
> les soient personnelles et de
> bonne foi, sont toujours utiles. »
> « H. TAINE. »

PRIVAS

IMPRIMERIE ARDÉCHOISE

13, Avenue de la Gare. 13

1895

LÀ-BAS

MAURICE FAUSTE

LA-BAS

PROMENADE EN ALSACE

EN 188...

« Que chacun dise ce qu'il a
vu et seulement ce qu'il a vu ;
les observations, pourvu qu'elles soient personnelles et de
bonne foi, sont toujours utiles.
« H. TAINE. »

PRIVAS

—

IMPRIMERIE ARDÉCHOISE
13, Avenue de la Gare, 13

—

1895

AVANT-PROPOS

Il y a environ dix ans, j'ai fait, en compagnie d'un ami ayant les mêmes idées, les mêmes goûts, les mêmes aspirations que moi, un court voyage en Alsace, de Saverne à Mulhouse, par Strasbourg et les Vosges. Je rapporte aujourd'hui simplement ce que nous avons vu, ce que nous avons éprouvé dans ce cher et beau pays.

Nous étions partis sans avoir lu un seul ouvrage sur l'Alsace d'alors, afin de n'avoir aucune idée préconçue et de voir tout avec une virginité d'impressions. La plus grande partie de la route s'est faite à pied, sac au dos, en très modeste costume de chasse.

Mon petit récit n'a d'autre mérite que d'être sincère dans sa sécheresse: je n'ai pas changé une ligne aux impressions recueillies.

Puisse-t-il plaire à tous ceux qui t'aiment, Alsace, généreuse et hospitalière Alsace !

M. F.

CHAPITRE PREMIER

—

DE PARIS A STRASBOURG

I

En route. — Une lumière dans la nuit. — La Marne. — La plaine champe- noise. — En Lorraine. — Nancy et les Nancéiennes.

Le train file dans la nuit avec un bruit sourd. La lampe aux lueurs jaunes éclaire mal le compartiment. Au dehors, l'obscu- rité est complète. Pas d'étoiles ; par instants seulement la lune apparaît dans un déchirement de nuages subitement éclairés... Le chemin de fer, après la banlieue de Paris, suit longtemps la val- lée de la Marne ; la rivière, sans arbres, rives nues, semble un ruban d'argent immobile, étendu sur un fond tout noir Au loin, à la ligne plus sombre de leur sommet, on devine des collines. Près de l'eau ou sur les montées, on aperçoit, par intervalles, de gros villages en craie, tout blancs, vers lesquels montent et descendent les routes bordées d'arbres, qu'on distingue à peine... Trois heures sonnent à une station que nous venons de franchir. Il fait nuit encore ; dans un village, au-dessus de la Marne, une lumière, une seule, brille. Tout dort pourtant. Et je pense que cette lumière éclaire quelque savant, quelque poète à qui la solitude des nuits convient pour un travail fiévreux. Ou bien, à la clarté de cette lampe, peut-être que des ouvrières tardives achèvent une robe de fête ou une toilette de mariée, qui sera portée demain au milieu de la joie. Ne serait-ce pas plutôt deux cierges auprès d'un lit, dans la chambre d'un mourant ou d'un mort ? Un vieillard triste, dont la vie s'est passée à ensemencer et à cultiver sans cesse cette terre qu'il aimait, qui l'avait attiré à elle, l'avait courbé et demain le prendra tout entier. Vie banale et pourtant belle : cet homme a vécu là toujours, et toujours il a travaillé ; et maintenant, la moisson faite, il s'en va ; et d'autres profiteront de la moisson.....

Nous passons... Voici le petit jour. On ne sait d'où vient la lumière timide qui se répand. La colline apparaît plus nette. Quelque temps encore, et l'horizon commence à s'empourprer. Il fait très-calme : pas un bruit, pas un murmure, pas un souffle. D'abord, du côté vers lequel nous allons, au fond de la plaine champenoise qui commence à se montrer, et reflétés par la Marne sans une ride, les nuages se colorent de teintes d'un jaune ocreux. Puis il s'y mêle des rougeurs ; l'horizon flamboie... L'air fraîchit, un vent léger s'élève... Le jour rapidement, grandit. Alors les nuages aux teintes variées s'évanouissent. Et voici que le soleil apparaît.

D'Epernay à Bar-le-Duc, s'étend la laide plaine champenoise. On s'arrête à peine devant Châlons-sur-Marne, dont les environs sont plus secs encore et plus tristes que le reste du trajet, Vitry-le-François et Bar-le-Duc. Auprès de cette petite ville en amphithéâtre, s'élèvent des collines toutes chargées de vignes. Puis nous traversons l'Argonne, pauvre mais curieux pays. La colline jadis boisée est nue et nourrit mal les cultures qu'on lui confie. Après un long parcours dans une tranchée, la vallée de la Meuse apparaît avec Commercy.

Nous arrivons en Lorraine : dans les villages, les maisons aux toits plats, en tuile sale, se pressent à l'entour de l'église, dont le clocher bas a de faux airs de casque. A chaque moment se montre, tantôt à droite, tantôt à gauche de la ligne de chemin de fer, le canal aux écluses nombreuses, avec sa double haie de peupliers raides : lentement, les bâteaux le parcourent traînés par des bœufs ou des chevaux lorrains. Maintenant, c'est Toul entouré de ses forts. Ici commencent les houblonnières, nous approchons des beaux pays,

Où l'étranger voit tout surpris,

Les grands houblons en longues lignes

Pousser joyeux auprès des vignes,

Qui couvrent les vieux coteaux gris. (1)

Nancy marque notre première étape. Il est près de midi ; le ciel s'est chargé de nuages, et il fait lourd : un temps d'orage triste. Trop grande, d'une solitude majestueuse, Nancy est la ville aux rocailles et aux arcs de triomphe. On a vite vu les monuments pompeux élevés à la gloire de l'orgueilleux Stanislas. Plus intéressant nous paraît le palais Grand-Ducal, qui renferme le musée. Je ne le décrirai point, de peur de faire une déloyale concurrence aux « guides » et aux « catalogues ». Mais ce que les « guides » n'indiquent guère, parmi les curiosités nancéiennes, c'est la fraîcheur de teint des femmes de Nancy, la douceur et la pureté de leurs yeux bleus. C'est le seul

---

(1) Erckmann-Chatrian.

charme de cette ville apprêtée et ennuyeu-
se. (1)

---

(1) A remarquer, non loin de la gare de Nancy,
la vieille croix élevée là où fut tué le duc de Bourgogne Charles le Téméraire et sur laquelle on lit :

« En l'an de l'Incarnation
Mil quatre cent septante-six,
Veille de l'Apparution,
Fut le duc de Bourgogne occis
Et en bataille ici transcy
Où croix fut mise pour mémoire
René duc de Lorraine mecy
Rendant à Dieu de la victoire. »

II

La frontière — Chemins de fer alsaciens — Employés et soldats allemands — Saverne — Le petit vin blanc — La langue alsacienne -- Le Hoh-Barr — « Lieb », amour — La soirée à Saverne — La confrérie de la Corne.

Nous avons passé la frontière. A Deutsch-Avricourt, station de la douane allemande, une dizaine d'employés se tenaient sur le quai, raides, froids, comme des soldats à la parade ; le chef de gare, un grand blond à barbe et les employés de la douane, serrés dans leur tunique, tous grands et solides d'aspect, coiffés de cette casquette que nous rencontrerons désormais, avec quelques variantes dans les couleurs, sur toutes les têtes des Allemands enrégimentés dans l'administration

ou l'armée. Le gendarme seul portait un
casque en cuir bouilli, très-luisant, à
pointe en cuivre. Le grand sabre de Pan-
dore est remplacé ici par une carabine
qui semble un jouet, accrochée par la bre-
telle à l'épaule du long, large et ventru
représentant de l'autorité Impériale.

Nous descendons. On visite nos sacs
d'un coup d'œil rapide. Cette formalité
accomplie, les voyageurs passent dans
les salles d'attente qui servent de buffet.
L'étendue, la propreté, j'allais dire le luxe
de ces Wartsaale est bien fait pour éton-
ner de jeunes Français habitués aux salles
trop étroites et empuanties de nos gares
les plus importantes. Le vaste hall carré
des premières et des secondes, haut de
plafond, est carrelé en mosaïque ; un
vaste comptoir assez semblable à celui de
nos buffets, occupe le milieu d'un des
des côtés ; des tables sont disposées à
l'entour de la salle, avec des divans contre le mur, et des chaises. Au moment du
départ du train, un personnage sur la

casquette duquel on lit : « Portier »
appelle les voyageurs pour Saverne et
Strasbourg.

Les wagons allemands paraissent plus
propres, plus confortables, et mieux tenus
que les wagons de la compagnie française
de l'Est. Tous sont éclairés au gaz. Dans
chaque train il y a, par classe, un compartiment appelé « Retirade, » d'une
utilité pratique que les voyageurs sauront
apprécier dans ce pays où l'on mange
beaucoup, où l'on ne boit pas moins (1)

Entrée en Alsace. Les villages sont
encore groupés comme en Lorraine, mais
les clochers ont perdu leur aspect belliqueux. Le pays, un peu avant Strasbourg,
devient plus accidenté et bientôt nous
apercevons de hautes collines boisées,
très-vertes. Le sol est rouge. Dans les

---

(1) Depuis que ces lignes furent écrites de
notables progrès ont été accomplis par les compagnies françaises.

tranchées le train court entre deux murs d'un très-beau grès des Vosges, aux teintes de sanguine foncée. Par éclaircies, entre deux tranchées ou deux tunnels, un pan de montagne nous apparaît, une côte rapide, qu'escaladent les pins.

A la station qui précéde Saverne, le chef du train se montre à la portière et nous enlève nos billets. Il en sera ainsi partout. On entre dans les gares et on en sort sans la moindre difficulté (1)

Aucune des tracasseries si chères aux administrations françaises. Tout le contrôle concernant les billets est fait par les chefs de trains, qui sont d'ailleurs très-polis et nous ont paru faire leur service avec beaucoup d'intelligence et de célérité.

Nous descendons à Saverne deux heures après un violent orage. Une bande

---

(1) Encore un progrès en partie réalisé depuis quelques années par les compagnies françaises.

d'enfants monte dans le train que nous
venons de quitter ; garçons et fillettes,
âgés d'une douzaine d'années, simplement
mais fort proprement vêtus, portant en
sautoir une boîte verte d'herboriste. Les
garçons sac au dos, marchent au pas ; les
filles tiennent à la main de petits paniers
en osiers. Conduits par deux maîtres ils
vont faire une promenade instructive dans
la montagne.

Nos sacs déposés à l'hôtel, en route
pour le Hoh-Barr. C'est une montagne
avec les ruines d'un château qui domine
Saverne. Au premier abord, Saverne
semble mort : peu de monde dans les
rues, un aspect triste. Les boutiques
portent des enseignes françaises et alle
mandes. Les rues sont toutes désignées
par des plaques en allemand. Ici nous
voyons les premiers militaires prussie s.
Les soldats sont vêtus de pantalons blancs
presque collants, de costumes plus ajustés
moins disgracieux que ceux des troupiers
français. Mais leur démarche est lourde

Les jeunes officiers, la plupart grands, sont gauches, l'air déhanché : ces longs corps maigres paraissent timides et maladroits ; il semble qu'un coup de vent les briserait... Voici que nous sommes égarés . Des femmes et des jeunes filles , acccoudées au balcon d'un chalet, nous indiquent en français la bonne route.

Mais dès que nous retournons, mises en gaieté par notre accoutrement de touristes, ou amusées peut-être de nous voir refaire notre chemin, elles se mettent à rire. D'ailleurs notre première impression sur Saverne tend à disparaître, car ce peuple semble très-gai.

Les femmes sourient ou rient franchement pour des riens. Le rire est plus souvent brillant mais non forcé.

Les Sabernoises sont blondes de cheveux, blondes de teint ; mais leurs yeux n'ont ni la pureté ni la douceur des Nancéiennes. Les enfants du peuple aux cheveux d'un blond fade, parlent tous l'Alle-

mand. Il n'y a guère que les enfants de
la bourgeoisie qui apprennent le français
J'ai tort de dire parlent l'Allemand, c'est
plutôt l'Alsacien, cette langue spéciale
qu'on ne peut appeler un patois sans s'at-
tirer la colère de tout bon Alsacien, ce
dialecte que l'on a comparé à notre langue d'Oc, tandis que l'Allemand des
Saxons, des Bavarois, de la vraie Allemagne, en serait la langue d'oil.

C'est une bien triste musique à entendre que le babillage des enfants dans
cette langue rauque. Hélas ! la germa-
nisatiou va son train, de ce côté-là ; dans
dix ans, combien de gens du peuple sauront encore causer en Français ?

Nous montons par une route étroite, qui
bientôt devient un large sentier forestier.
Tant que le chemin est à découvert, on se
croirait sur une colline normande : des
prés en pleine verdure semés de fleurettes
blanches, et des rangées de pommiers
tout chargés de pommes. Dans la vallée,
un enfant suivant son père, chante un

« lied » sur un air très-simple ; la voix est assez pure, et dans le silence environnant, elle parvient bien jusqu'à nous, quoique lointaine. Une femme jeune, mise avec élégance, suit la même route que nous, mais va très-lentement, en s'arrêtant pour cueillir des fleurs. Elle est plutôt jolie, pâle, blonde ; nous la devançons ; elle s'arrête sur un banc pour arranger son bouquet. Pauvre Gretchen ! elle attend peut-être son Fritz qui ne vient pas. A mi-côte la forêt commence. Une chaleur douce s'épand : des feuilles encore mouillées tombent des gouttes de pluie, avec un petit bruit sec. A mesure que nous avançons il y a, de chaque côté du sentier, des froissements d'herbes hautes, un oiseau qui s'envole, une couleuvre qui se faufile, un lièvre qui détale. Une borne assez semblable aux bornes miliaires attire notre attention ; une inscription surmontant une sorte de roue solaire la décore : « Lieb » Amour !

La montée devient de plus en plus **en**

âpre ; nous marchons en plein sable
rouge. En haut, une vue superbe nous
attend ; les dernières vapeurs de l'orage
se sont dissipées ; du côté France s'étendent une suite de montagnes bleues et
vertes, d'une admirable vigueur de ton ,
du côté Allemagne, en bas, la ville de
Saverne, la large vallée du Rhin, toute
blonde, et, au fond, un peu voilée par la
nuit qui gagne, la chaîne de la Forêt-Noire. L'impression que nous retrouverons
souvent dans ces paysages d'Alsace est à
la fois grande et douce ; je n'ose dire que
c'est beau, mais c'est splendidement joli.
L'émotion qui vous pénêtre tient du
charme plus que de l'admiration.

Auprès des ruines du château, un
aubergiste s'est installé ; on nous apporte
du vin blanc. Oh ! le délicieux vin blanc
d'Alsace ! d'une belle couleur, un peu
pâle, léger, doux au palais ; il est pourtant un excitant plein de force. La plupart des crimes commis en Alsace sont
attribués à des buveurs de ces petits vins

2

trompeurs ; très-calmes d'habitude, ces gens sont pris dans un moment d'ivresse, d'accès de colère redoutables.

On nous dit qu'il passe au Hoh-Barr peu de touristes Français, quelques Anglais, mais beaucoup d'Allemands. Jadis pourtant Saverne était l'une des villes les plus fréquentées par les Français (1)

Le Hoh-Barr fut au XVIIe siècle le siège d'une curieuse confrérie de buveurs, baptisée par son fondateur l'évêque Jean de Manderschied « Confrérie de la Corne ». N'en pouvaient faire partie comme membres actifs que ceux qui avaient vidé d'un

_____

(1) En 1885, époque à laquelle fut fait ce voyage, nous reçumes en Alsace un excellent accueil et notre étonnement fut grand de n'y pas rencontrer plus de touristes français : « Vous ne venez plus nous voir, vous nous oubliez, disaient les Alsaciens. » Quant à l'autorité allemande dont on aurait pu redouter les vexations, je dois dire qu'elle nous laissa aussi tranquilles que si nous arrivions de Berlin au lieu de venir de Paris ; et que même les employés des diverses administrations furent d'une amabilité à laquelle les employés français ne vous avaient guère habitués.

seul trait avec le cérémonial réglé d'avance une corne de buffle qui contenait quatre litres. Cette institution périt en même temps que le vieux manoir... (1).

Comme le jour va disparaître nous reprenons le chemin de notre auberge. Une Gretchen, puis une autre, puis une autre encore, montent la côte à la nuit tombante. Plus bas nous rencontrons un officier allemand, qui marche vite comme pour rejoindre quelqu'un. Et je pense à la borne du sentier : Lieb ! Amour !

Le soir, après dîner, une grande animation règne dans les rues de Saverne. Les gens se promènent en causant et en riant haut. On parle Alsacien ; mais certains mots français sont restés dans la langue courante, et nous sommes fort étonnés d'entendre deux personnes se dire : « Bonsoir ». après toute une conversation en Alsacien. Des jeunes filles se tenant cinq ou six par le bras, babillent

_____

(1) Voir à l'appendice, note I.

et rient. Des garçons sont groupés à des
coins de rues ou sur les places. Par instants leur conversation s'arrête et ils chantent des chansons françaises : « Il était
un petit navire — Tiens voilà Mathieu !
La polka des volontaires. Pauvres airs
tout bêtes, mais qui venez de France, je
vous aime bien mieux ici, que ce lied,
pourtant joli, que chantait le petit paysan
dans la vallée, sous le Hoh-Barr !

Vers dix heures, les allées et venues
dans la rue diminuent, les groupes se dispersent. Le bruit des voix s'apaise. Les
cloches sonnent quelques minutes à toute
volée. Puis la petite ville s'endort dans la
nuit.

III

Une Volière. — De Saverne à Wangen-bourg. — La Mossig. — L'Hôtel W... un menu. — Deux empereurs jugés par trois Sabernois.

Dès cinq heures du matin, un babillage de gens dans les rues. On dirait le réveil d'une volière. La vie au dehors d'hier au soir reprend ; tout le monde bavarde en se rendant à l'ouvrage ; sur la place, les femmes avec des seaux, des cruches, des baquets viennent tirer de l'eau à la fontaine. D'autres s'y arrêtent avec des paniers. Alors ce sont de longues conversations, à voix claires et chantantes ; trois, cinq femmes sont là, leurs baquets pleins d'eau ou leurs paniers remplis de linge sur la tête, qui causent, sans penser à mettre à terre leur fardeau. A mesure

qu'il en part, d'autres viennent ou reviennent, et le babillage ne s'arrête point ; ces
Sabernoises aux cheveux d'un beau blond,
sont vêtues comme les femmes du peuple
en France ; les jupes aux couleurs voyantes et les coiffures alsaciennes sont rares ;
Soudain toutes les femmes se dispersent,
les passants hâtent le pas ; une ondée les
fait fuir. Au loin on entend quelques coups
de tonnerre ; c'est la queue d'un orage
qui a éclaté dans la montagne.

La pluie a cessé quand nous prenons le
train pour Romansweiler. Le chemin de
fer passe à quelque distance au-dessous du
Hoh-Barr, du grand et du petit Gérol-
dseck, dont on voit se dresser les ruines
au haut des collines boisées. Dans notre
compartiment, quatre Alsaciens et un touriste français. Dès que nous avons pro-
roncé quelques mots, les Alsaciens se
mettent à parler français ; le plus âgé,
à cheveux gris, porte la moustache à
l'impériale ; c'est un ancien soldat ; il
semble chercher ses mots, déshabitué

qu'il est de notre langue ; son fils, qui
a dépassé la quarantaine, parle assez
purement ; des deux petits-fils, l'un
âgé de vingt ans a un très fort accent
allemand ; quant au plus jeune, qui vient
de faire sa première communion, il nous
comprend à peine et est incapable de nous
répondre en français. Ils sont d'une famillle
de commerçants très-aisés. Ils descendent
à la première station, en nous disant :
« Adieu ». « Adieu » est comme « bonsoir » un de nos mots qui sont restés dans
la langue courante.

De Romansweiler, où nous quittons le
train, une voiture conduit à Wangenbourg ; mais nous aimons mieux aller à
pied, par un temps doux et serein. D'a-
bord la route, bordée de merisiers, traverse une prairie aussi verte qu'en mai, et
toute émaillée de marguerites, de boutons
d'or, de clochettes violettes. Les grillons
y pullulent, et nous assourdissent de leur
éternel cri-cri. Les gracieuses bergeronnettes s'envolent sur le bord de la route

lorsqu'on est tout près d'elles. Nous entrons dans la forêt d'Œdenwald. La Mossig que nous suivons, court au fond d'une gorge étroite. A notre gauche, la forêt monte, touffue et haute ; à droite les hêtres, les frênes, les bouleaux, quelques sycomores descendent une pente très-rapide jusqu'au torrent, dont nous apercevons par instants, entre les branches, les eaux grossies par l'orage de cette nuit et toutes rouges du sable qu'elles ont entraîné de la montagne.

Le cours rapide de la Mossig est utilisé, comme celui de presque tous ces torrents, par de nombreuses scieries..... Nous rencontrons des attelages à bœufs, à quatre roues, d'une forme très-primitive ; en travers des essieux sont attachés quelques troncs d'arbres non équarris ; deux troncs plus courts et moins épais constituent les montants.

Près de ce char rustique marche ordinairement un bûcheron, la pipe à la bouche, un fouet très court à la main, coiffé du large chapeau mou des montagnards. Il salue d'un « Gut morgen », ou « guten tag. » Nous répondons en français et il y en a qui se reprennent pour dire : « Bonjour ».

Après deux heures d'une marche fort agréable, bien que la température commence à s'élever, nous voici à Wangenbourg. L'église, reconstruite en grès rouge en 1871, se trouve au centre du village dont les maisons sont disséminées dans la verdure des collines formant cirque. Jusqu'alors nous avions trouvé de bons gîtes, nous avions pris de copieux repas. Mais c'est à l'hôtel Weyer que nous fîmes le meilleur dîner de tout notre voyage. Voici le menu du dîner, trois francs par tête : Potage, — concombre,— filet sauce madère, avec pommes de terre et haricots verts au beurre ; — tourte, — chevreuil, — salade, — truite aux nouilles avec sauce de carpe. — choux-fleurs à la sauce blanche, — entremets sauce aux mûres, — cerises, — myrtiles au sucre, —

fromages. — Toutes choses exquisement préparées.

Notre bouteille de vin blanc pour deux devient bientôt insuffisante et nous allons en demander une nouvelle, lorsque trois Sabernois, nos voisins de table, avec lesquels nous avons lié conversation, nous en offrent de plus vieux.

Naturellement, on cause des Allemands, des Prissmann, comme les appellent nos nouveaux amis. Leur haine pour les envahisseurs n'a d'égale que leur colère contre Napoléon III. Ils reviennent sans cesse sur la trahison : l'Empereur de France les a vendus à l'Empereur d'Allemagne.

Et leurs malédictions tombent sur les traîtres, Napoléon, Bazaine, Le Bœuf, de Failly. Puis ce sont les plaintes contre le régime impérial allemand, le poids des impôts : « On nous pressure, disent-ils, on nous prend jusqu'à notre dernier sou pour payer aux fonctionnaires des traitements énormes. » Ils citent quelques chiffres : les « Kreisdirectoren », directeurs de cercles ou sous-préfets, gagnent 7.200 marks ou 9000 francs par an, alors que nos sous préfets n'ont selon leur classe que 4.500 à 7.000 francs de traitement annuel. Les juges de paix, amstrichter, débutent à 2400 marks ou 3000 francs et peuvent arriver à un traitement de 6600 marks ou 8250 francs. Chez nous on sait le traitement dérisoire de ces magistrats (1).

Les Sabernois nous content aussi les vexations qu'ils se plaisent à infliger aux envahisseurs : le drapeau français arboré dans les fêtes jusqu'au moment où le commissaire intervient pour le faire enlever ; les chants français ; la conversation en français devant tout ce qui ressemble à un fonctionnaire allemand. Il nous faut quitter ces braves gens pour reprendre notre route. Au départ on échange de solides poignées de mains en disant bien haut : « Au revoir ! » Dire que les fils de ces français d'Alsace seront des soldats allemands !

---

(1) Voir à l'appendice, note II.

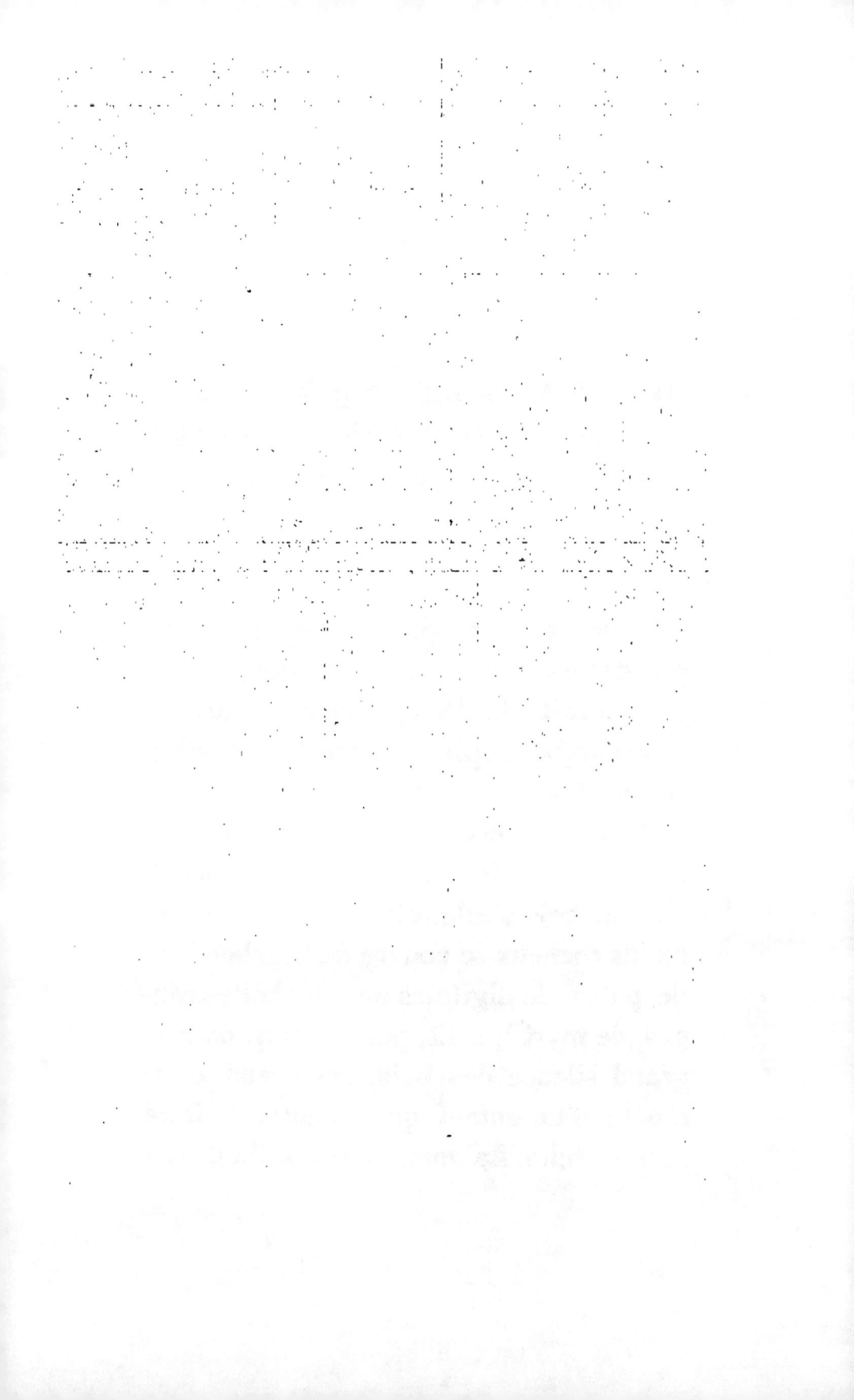

IV

Ascension au Schneeberg. — Le Nydeck.
— La maison forestière. — Le Haslach. — Un village d'Alsace : Ober-
haslach.

Pour monter au Schneeberg, la montagne de neige, la route, un sentier, semble,
par endroits, taillée dans le roc ; d'un côté,
de gros blocs de pierre couverts de mousse,
et sur lesquels sont hissés des pins au
feuillage sombre ; de l'autre, dans une
descente rapide, les pins s'échelonnent.
Puis le bois s'éclaircit un peu, et le sol
moins rocheux se couvre de framboisiers,
de phlox, de digitales aux clochettes rouges, de myrtiles. Et, par instants, dans le
grand silence des bois, on entend le cri
répété d'un enfant qui s'amuse à faire
parler l'écho. La marche est difficile, en

cette humide chaleur forestière, au milieu du jour. Toujours nous montons à travers les grandes troupes de pins assaillant la montagne : il y a un grand charme dans la monotonie de ce spectacle invarié.

Plus haut, le vent commence à gémir. Les pins tourmentés rapetissent. Près du sommet, ils sont tout courts, sans feuilles, rabougris, les branches déchiquetées par de grands coups de bise glacée. Encore quelques cent mètres, et ne croissent plus que de petites bruyères et de rares fleurs des montagnes. Puis, tout au haut, le roc nu, que le vent balaye sans cesse.

Au sommet du Schneeberg, le promeneur retrouve la même vue qu'au Hoh-Barr, mais plus étendue surtout sur la chaîne des Vosges.

A la descente, dans la direction opposée à Wangenbourg, la forêt prend des aspects plus variés et moins sauvages.

Ce n'est plus le grand silence de la montée ; on entend à chaque instant de longs souffles de vents et des murmures de ruis-

seaux. Le bois est moins dense ; des arbres
d'essences variées se mêlent aux pins ;
l'aspect est moins monotone et a aussi
moins de grandeur. De rapides descentes,
semées de cailloux de granit, conduisent
à la maison forestière du Nydeck... Un
superbe paon se promène sur un petit
mur, tout près de la maison, devant une
bande d'oies étonnées, qui gloussent. On
dirait un orateur populaire haraguant la
foule. Notre arrivée interrompt sans
doute son discours : la bande d'oies redou-
ble de cris et s'enfuit à notre approche.
Elle est vraiment jolie, la petite maison
forestière, garantie presque de tous côtés
par de hautes collines, bien au soleil, avec
sa prairie en face, aussi verte au mois
d'août qu'au printemps. Après un instant
de repos dans une salle toute brillante de
propreté, aux murs de laquelle sont accro-
chés des bois de cerfs de tous âges, nous
partons pour la cascade du Nydeck. Le
temps s'est adouci ; déjà le soleil baisse.
Encore une montée pour arriver au châ-

teau dont les ruines n'offrent pas grand
intérêt (I), puis nous descendons par un
chemin rapide fort bien entretenu, jusqu'en bas de la chute d'eau. Ici nous sommes dans un trou. En face de nous, brusquement, se dresse la montagne de granit.
En haut, à pic, le château, devant lequel,
l'abîme. Ce pan de montagne semble une
œuvre gigantesque de fortification, un
mur immense soutenant la terre au-dessus
d'un fossé immensément profond. A droite,
la cascade se fait jour, à travers une
dégringolade de rochers dont quelques-
uns, chargés de mousse, de plantes aqua-
tiques, d'arbustes, surplombent.

Elle tombe de cent pieds. Mais par cette
saison sèche, elle n'est pas très-fournie
d'eau. On entend son bruit sourd avant
que de la voir, un bruit qui, dans les jours
d'orage, doit devenir formidable. Tout

---

(1) Les ruines portent comme inscription un
vers de Chamisso : « Burg Nydeck ist im Elsass
der Fage wohl bekannt. »
« Le château du Nydeck est bien connu en Alsace par la légende. »

près de la chute, dans les interstices des rocs de grès qui embarrassent le ruisseau, éclaboussées sans cesse des bouillonnements de la cascade, naissent des fleurs aux couleurs pâles.

Après cette chute, le ruisseau, comme las, ralentit son cours. La route s'en éloigne un peu et cotoie le Haslach qui par son babillement, ses scieries bruyantes, son lit rocheux nous rappelle la Mossig. Il se calme ensuite ; son eau limpide coule plus lente sur un lit moins cailouteux. La campagne est très-verte : un pré bordant la rivière et entouré de bois. La vallée s'élargit ; les cultures commencent ; nous traversons Ober-Haslach à la nuit tombante.

C'est le vrai village alsacien : deux rangées de maisons au bord d'une route. A cette heure, tout, gens, bêtes, choses, est dans la rue. Les charrettes gisent contre les fumiers entassés au-devant des portes et dans le purin desquels barbottent les canards. Une troupe d'oies

inquiètes se sauvent avec de grands cris
bêtes. Les hommes poussent du fouet
les bœufs ou les chevaux qui encombrent
le chemin. Tout est mouvement, animation.
Les gamins, pieds nus, courent sur la
route ; ils s'arrêtent à nous considérer et
éclatent de rire, tant notre accoutrement
de touristes leur semble drôle, et, du seuil
des maisons, s'échappe un rire plus dis-
cret : c'est quelque jeune fille blonde, toute
fraîche, à teint rosé, à la taille forte, qui
répond au « bonsoir » que nous lui jetons
en passant.

Enfin, voici Nieder-Hasbach. Les cloches bien sonnantes de l'église nous
saluent ; c'est l'heure de l'Angelus, l'heure
en été, la plus douce du jour... Le soir,
des jeunes gens se promènent dans le village, chantent en chœur des « lieder »
simples et tristes dont ils semblent comprendre toute la saveur mélancolique. La
nuit s'épaissit ; dans le ciel très-pur les
étoiles s'allument ; tout s'endort.

CHAPITRE II

DE

STRASBOURG A SCHLESTADT

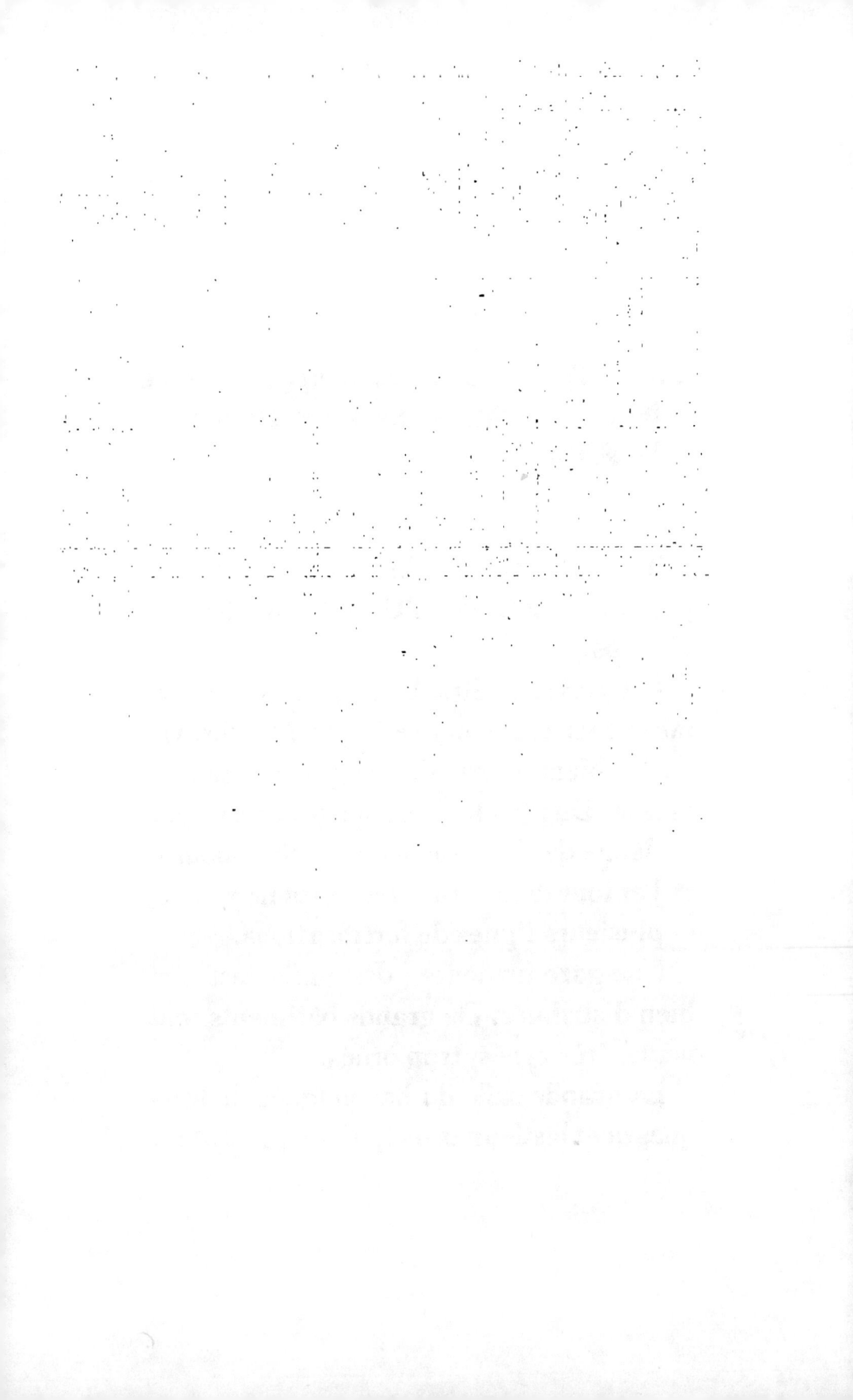

I

Coup d'œil sur Strasbourg. — Une heure à Kehl. — La vraie frontière : le Rhin.

Tout au matin, de Nieder-Haslach, gagné la station d'Urmatt à travers champs.

D'Urmatt à Strasbourg, ligne de chemin de fer toute nouvelle par Mutzig. On quitte bientôt les Vosges pour entrer en plaine. Du plus loin le voyageur distingue la flèche de la cathédrale de Strasbourg. A l'entour de la ville des forts nombreux et plusieurs lignes de fortifications.

Une gare immense ; des quais vastes et bien distribués. De grands bâtiments tout neufs, très-ornés, trop ornés.

La grande salle du bas plaquée de fresques dont les deux principales représentent

l'ancienne Alsace et l'Alsace nouvelle
saluant leurs maîtres, telles que les voient
l'imagination prussienne. Depuis, dans sa
tournée en ce pays, Guillaume Ier a pu voir
que la seconde de ces allégories était un
grossier mensonge (1).

Ces enluminures ne me semblent pas
d'ailleurs d'un très bon goût dans cette
gare qu'elles gâtent. L'étendue et la bonne
ordonnance suffisaient bien.

J'ai peu de choses à dire de Strasbourg
que nous avons vu très-vite.

Du temps où c'était une ville française
elle devait paraître allemande. Aujour-
d'hui, tous les gens un peu bien mis parlent français dans la rue, surtout lorsqu'ils
coudoient les officiers et les soldats prussiens qui foisonnent. Les maisons nouvelles sont de grandes bâtisses sans caractère. Plus curieuses, les anciennes mai-

---

(1) Depuis que ces lignes sont écrites, Guillaume II a fait la même expérience avec le même
succès !

sons aux toits pointus et dentelés, aux
étages surplombant sur la rue. Les enseignes des boutiques sont en général
françaises, quelques-unes en deux langues,
les plus rares allemandes. Dans nombre
de vitrines des livres français, des gravu-
res représentant les scènes de l'Invasion
d'après Neuville, Detaille, etc.

Les cigognes qui avaient abandonné
Strasbourg après le siège, sont revenues.
En cette saison elles nous ont semblé
rares. Nous n'en avons vues que trois
perchées, très-dignes, sur une patte, au-
dessus de vieux toits près du marché aux
herbes et près de la cathédrale.

Superbe, la cathédrale dont la descrip-
tion et les photographies traînent partout,
et sur laquelle tout a été dit, toutes les
formules d'admiration ont été épuisées.
Une bizarrerie : tout le monde connait
l'horloge de la cathédrale de Strasbourg,
et sait que, lorsque sonne midi, une
série de singeries sont exécutées par une
troupe de bonshommes manœuvrant à
l'aide d'un mécanisme très-compliqué. Or

malgré nombre d'essais infructueux, les
Allemands n'ont jamais pu régler cette horloge sur l'heure allemande. Protestataire
à sa façon, l'horloge de la Cathédrale
sonne et sonnera toujours l'heure alsacienne, l'heure du Strasbourg d'autrefois.

Nous sommes descendus dans un très-
mauvais hôtel prussien qu'on appelle la
« Maison rouge ». Mal logés, mal nour-
ris avec des mets très-épicés et de goût
bizarre et des vins horribles. Le tout
très-cher. Pour compléter le tableau les
chambres voisines des nôtres sont occupées
par des officiers Allemands dont les bros-
seurs ne cessent de promener leurs bottes
dans les couloirs.

Sous nos fenêtres une place assez ani-
mée, un square au milieu duquel la statue
de Kléber. En un coin de la place, un
poste : en avant du poste les fusils sont
placés sur un râtelier d'armes peint au couleurs allemandes. Peinte aussi aux mêmes
couleurs la guérite du factionnnaire.
J'avoue que je trouvai très ridicule cet
abus des couleurs nationales ; faut-il que

depuis un ministre (1) nous ait fait suivre cet exemple !

Fait une courte promenade dans les brasseries presque toutes envahies par l'élément Allemand.

Parcouru très-vite la nouvelle université qui parait immense et belle.

En route, sur une place, rencontré une musique d'un régiment Allemand qui donnait un concert sous les fenêtres d'un hôtel particulier. Ces quarante-cinq musiciens, sous la conduite d'un chef qui dirige habilement jouent fort bien quelques morceaux pleins d'entrain. Les habitants cependant passent sans s'arrêter : jamais un Strasbourgeois ne voudrait écouter une musique prussienne.

Le Broglie jadis si animé, bordé de deux cafés, l'un fréquenté par les Alsaciens et l'autr, rendez-vous des Allemands, est triste.

_____

(1) Dans le manuscrit orginaire le nom de ce ministre était accompagné d'une épithète un peu vive. Je l'ai retranchée : il ne faut jamais insulter un vaincu.

L'un des plus beaux monuments de
Strasbourg est certainement le tombeau
en marbre de Maurice de Saxe, par Pi-
galle, dans l'église protestante Saint-Tho-
mas. Le groupe s'élève au fond du chœur.
Le front haut, fièrement, Maurice de Saxe
descend au tombeau : les figures allégo-
riques du génie de la guerre en larmes,
de la France éplorée qui repousse la mort,
entourent le héros. Le mouvement est
sublime. Je sais peu d'œuvres d'art qui
m'aient fait mieux éprouver la sensation
du beau. . . . .

. . . .

Kehl, autrefois la première station
allemande, est encore un lieu de promenade pour les touristes. Un tramway y
conduit. C'est un village badois de l'autre
côté du Rhin. Au-delà du pont de bâteaux
qui unit les deux rives, nous trouvons une
autre vie, de tout autres gens. Les costumes badois, la mine des indigènes, leur
parler, leur allure, tout nous montre une
race différente. Nous nous sentons dépay-

sés. De petits enfants jouent sur la place avec un petit drapeau noir, blanc et rouge. Nous sommes en Allemagne.

La vraie fontière de la France est au Rhin......

Ici le Rhin au cours rapide, aux flots blancs, roule des galets contre ses rives avec un grand bruit semblable à celui de la mer. Un instant sa fureur se brise en écumant contre les bâteaux du pont qu'il ébranle, puis le grand fleuve aux ondes argentées poursuit sa course effrénée et sonore......

Heiligenberg. — Château de Girbaden. — Un château-fort qu'on ne
prend que par ruse. — Kligenthal.
— Ottrott. — Le bon hôte. — La République Alsacienne.

Nous retournons vers les Vosges en
chemin de fer, jusqu'à Heiligenberg. Auprès
de la petite station, sont creusées dans la
colline de profondes carrières de grès rouge: la montagne entr'ouverte, saigne. Des
hommes entaillent le roc, tout petits, sur
d'énormes blocs entamés. Pour gagner
les ruines de Girbaden, il faut d'abord
suivre un ruisseau, la Mogel, dans la
vallée, par un sentier perdu qu'envahis-
sent les herbes ; il dut y avoir autrefois
une route, car on enfonce par instants dans
dans des ornières ; maintenant de hautes
herbes ont poussé, toutes fleuries. Nous

côtoyons un bois qui monte à notre gauche. Dans l'air tiède de cet après-midi, les insectes pullulant, bruissent. Chacun de nos pas en dérange, sauterelles, rainettes, grillons, qui sautent ou s'envolent avec un petit cri ; des bergeronnettes, toujours hochant la queue, sautillent en fuyant notre approche. Dans l'atmosphère humide et tiède montent des senteurs d'herbes. Après une bonne heure de marche dans la prairie, au bout du sentier mal tracé, un petit pont s'offre ; deux planches vermoulues, l'une rompue, baignant dans l'eau très-limpide, l'autre, d'une vétusté inquiétante, rongée comme de rides par la pourriture. Nous passons l'un après l'autre, la planche résiste. Qu'adviendra-t-il de ce petit pont au premier orage ? Les eaux, descendant de la montagne, rapides et grosses, auront tôt fait d'enlever tout. Et l'administration allemande enfin établira un petit pont comme nous en avons déjà vu auprès de Wangenbourg, avec parapets aux trois couleurs de l'empire, noir, blanc

et rouge. On laisse ainsi s'user et se détruire tout ce qui date d'avant 1870,
tout ce que les Français ont établi ou
bâti, pour le remplacer en le germani-
sant.

Le village de Mollkirsch vite traversé,
dort dans le plein jour. A de rares portes
sont assis un vieux ou une vieille, cheveux
blancs, le teint un peu jaune, avec des
pommettes saillantes et vermillonnées, l'œil
noir, encore vif. Ils nous regardent muets,
comme inquiets. Les enfants sortent de
l'école, riant, criant ; ils nous aperçoivent
et redeviennent sérieux ; eux aussi semblent se défier ; mais après un moment
de silence, la bande s'échappe de nouveau
avec de grands rires et des appels guttu-
raux. Après le hameau de Laubenheim,
commence la montée raide vers les ruines
de Girbaden. Le château de Girbaden
dont l'origine se perd dans la nuit des
temps (cette formule est du style en ce
qui concerne les ruines Vosgiennes en
général) servit peut-être d'asile aux Tem-
pliers au XIIIe siècle. Bien des obscurités

s'étendent sur son histoire. Toutefois, il paraît certain que sa situation la rendait imprenable de force, et qu'on dut, pour s'en emparer, recourir à la ruse. Les historiens de l'Alsace nous ont conservé deux récits de la prise du château de Girbaden. Les premiers se rapportent au temps de Louis XI. En Alsace, Charles le Téméraire n'avait trouvé pour allié que le traître Jacques de Hohenstein, qui possédait le château de Girbaden. La milice Strasbourgeoise se joint à celle de l'évêque pour chasser l'ennemi de sa redoutable retraite. « On part à la tombée de la nuit on marche en silence, et après avoir gravi les âpres sentiers de la montagne, on parvient à prendre position dans la forêt la plus rapprochée des murs de Girbaden. C'est peu encore car le château est là debout avec ses hautes tours où veillent les hommes d'armes de Jacques de Hohenstein. Pendant que les chefs du petit corps d'armée délibèrent et mesurent de l'œil ces remparts dont il faut s'emparer par surprise, sous peine de s'exposer à commencer un siège long et chanceux, le soleil se lève du côté de la Forêt-Noire et bientôt quelques gens du château sortent pour aller faire du bois. Aussitôt nos Strabourgeois imaginent une ruse de guerre qui doit les faire pénétrer dans la place. Cachés derrière les arbres de la forêt, ils laissent d'abord les bûcherons faire leur besogne, puis ils les entourent, leur mettent la hallebarde sur la gorge et menacent de les tuer s'ils poussent le moindre cri. En un clin d'œil les plus hardis soldats ont revêtu les casaques des serviteurs du château, endossé leurs charges de bois et caché sous ces faisceaux de tranchage leurs propres armes. Ils se présentent ainsi travestis aux portes du château ; on leur ouvre sans difficulté, parce qu'on les prend pour les bûcherons ; mais une fois sous la porte ils jettent bas les fagots, se précitent la dague et l'épée à la main sur le poste de garde, sont bientôt soutenus par le reste de leurs troupes et tel est l'élan de l'attaque, que personne dans la place n'a le temps de se réfugier

4

au donjon où bientôt la bannière de Strasbourg remplace celle de Hohenstein (1). Trois siècles plus tard, c'est encore par la ruse ou par la trahison que le château est pris pour la dernière fois. « Silbermann nous a conservé le triste procès-verbal dressé par lui sur la déposition de plusieurs habitants de Dorlisheim qui en 1760 se souvenaient avoir ouï conter à un vieillard du village le récit du dernier sac du château. Ce vieillard disait en avoir été témoin oculaire alors que dans sa jeunesse il était au service de la Rathsamhausen-Zumstein. Suivant lui un de ses camarades, domestique comme lui au château s'étant absenté sous prétexte d'aller à la fête de Haslach avait prolongé son absence jusque fort avant dans la nuit. Trouvant les portes fermées à son retour, il avait demandé en grâce qu'on

(1) Bulletin de la Société pour la conservation des monuments historiques d'Alsace, Tome I, pages 282-83.

ne le laissa pas coucher à la belle étoile par cette nuit sombre et froide. Touché ou impatienté de ses supplications le châtelain avait donné l'ordre d'ouvrir. C'est l'homme de Dorlisheim qui est chargé de l'exécution de cet ordre ; mais à peine a-t-il entrebaillé la porte de l'avancée, qu'il est renversé et foulé aux pieds par un flot d'assaillants qu'il reconnaît (à leur langage apparement) pour être des Lorrains. Ceux-ci se précipitent dans la cour intérieure du château, tuent le châtelain ou son bailli et ceux des gens qui s'efforcent de leur en disputer l'entrée, se mettent ensuite à piller, et, après avoir placé en lieu sûr leur butin, vont, la torche à la main, incendier le noble manoir. (1)

Au milieu des ruines s'élève une chapelle dédiée à St-Valentin, fort peu intéressante au point de vue artistique, mais

(1) Bulletin de la Société etc. T. 1, pages 285-286 Silormann Malerische Ausichten des chemaligen Elasses et Imlin-Vogesische Ruinen.

à laquelle une légende est attachée : qui-
conque veut préserver ses chevaux de la
morve, ses moutons du piétin ou du tour-
nis, ses poules de la pépie, en un mot qui
veut garder ses animaux de toute épidé-
mie ou les en guérir, ne doit point manquer de venir en pélérinage faire ses
dévotions à St-Valentin......

La carte de l'Etat-major français qui,
jusqu'à ce jour, ne nous avait fait commettre que de légères erreurs, nous trompe
absolument à la descente du Girbaden.
Ce n'est qu'après de longs détours, après
nous être perdus plusieurs fois, que nous
arrivons dans la vallée. D'en bas, du bord
du ruisseau le Rosenmehr, le château de
Girbaden, dressé à quelques trois cents
mètres au-dessus de la vallée produit un
superbe effet. La forêt touffue, prenant la
colline à sa base, l'enveloppe de ses
arbres jusqu'au sommet ; tout au haut seulement les ruines émergent de la verdure
assombrie. En nous dirigeant sur Klingenthal, un château d'un aspect analogue
frappe nos yeux, celui de Lutzelbourg. A

Klingenthal dans une auberge, à l'enseigne allemande, les enfants qui jouent dans
la grande salle, nous entendant parler un
langage qu'ils ne connaissent plus, rient
entre eux ; la mère, déjà vieille, nous comprend à demi , notre mine sans doute ne
la rassure guère, car elle nous annonce
qu'elle n'a plus de place et nous engage à
pousser plus loin, jusqu'à Ottrott, où nous
serons bien reçus, dit-elle. La route a été
longue aujourd'hui, et c'est avec quelque
peine que nous rebouclons notre sac. De
chaque côté de notre chemin s'étendent
des jardins anglais dessinés à la mode
du parc des Buttes-Chaumont. Ils appar-
tiennent à un usinier dont les fabriques
salissent le ruisseau qui court dans la
vallée. Pauvre homme ! qui a trouvé
moyen de « corriger » la nature et qui
en a confié « l'embellissement » à quelque
architecte paysagiste ou artiste rusti-
queur, bâtard de Le Nostre.

Heureusement nous voici à Ottrott,
devant une maison d'apparence bien simple, très-blanche, très-riante, au front de

laquelle se balance sur une tige de fer, un ornement bizarre, que la nuit tombante empêche de distinguer. Pas d'enseigne. Nous entrons. Aux premiers mots, toute la maisonnée est sens dessus-dessous. « Des Français ! Des Français ! » crient les petits enfants en courant prévenir de notre arrivée. Et, comme on n'attendait pas de voyageurs à cette heure tardive, voici que l'hôte et sa femme s'empressent pour nous chercher à dîner. Les deux plus belles chambres de la maison nous sont offertes. Pour que le souper soit plus vite fait, nous demandons du jambon, du saucisson, ce qu'on trouve partout en Alsace, Mais notre hôte nous arrête : « C'est vendredi aujourd'hui », et pour ne pas blesser les susceptibilités religieuses de ce brave homme, nous faisons maigre. Mais cela n'empêche pas, pour se réconforter de la marche, de prendre plusieurs verres d'un vin rouge capiteux que produisent les collines d'Ottrott, puis quelques petits verres d'une délicieuse eau-de-vie de myrtile. Au dessert l'hôte s'est assis auprès de nous ; et, pour l'engager à causer, nous l'invitons à partager notre petite bouteille. Il accepte et nous offre à son tour d'une liqueur de couatches vieille de quatre ans et qu'il réserve à ses bons amis. C'est que notre qualité de Français, notre jeunesse, notre franchise, ont fait vite de nous ses amis. Et lui aussi, il nous parle des regrets que la France, la douce France, a laissés au cœur des Alsaciens. Il renouvelle les plaintes que nous avons déjà entendues contre l'empire et les empereurs de France et d'Allemagne, contre les traîtres passés et les envahisseurs présents. Il nous raconte que, peu de jours auparavant, dans un village voisin, un pauvre cordonnier a été emprisonné, puis expulsé, pour avoir exprimé à l'auberge des idées trop françaises. Et il se plaint aussi de la lourdeur des impôts. Mais, quand nous venons à parler de la France, nous, avec notre idée de derrière la tête, que l'Alsace est un pays français, il nous semble que l'hôte n'est plus autant de notre avis. Il se rend bien compte en effet, que la France est, elle aussi, malade, et que l'Alsace ne serait pas plus riche pour être française et qu'elle serait à peine plus libre. Il a cette pensée que le Français, qui a cédé l'Alsace, l'oublie. Et, en fouillant ses expressions embarrassées, on devine en l'esprit de cet alsacien ami de la France et qui hait l'Allemagne, le rêve d'être un jour citoyen de la république alsacienne.

Il est bien tard lorsque, après cette longue conversation, nous montons dans nos chambres. Ces chambres, deux vraies chapelles. Aux murs, des crucifix, des tableaux religieux, des images représentant la descente de croix, le Sacré-Cœur de Jésus percé d'une flèche, et entouré de rayons ; sur des tables et des bahuts, une crèche, un petit paradis terrestre en bois avec toutes sortes d'animaux, des coquilles de pèlerin, des paroissiens aux couvertures bien ornées ; auprès de chaque porte, un bénitier. Les tentures sont toutes blanches, les fauteuils et le canapé recouverts de housses d'une blancheur immaculée. Tout y respire la foi pure et fervente. Et cela nous étonne, nous, les incroyants, cette religion peut-être étroite qui nous paraît d'un temps antérieur. Mais nous retrouverons et nous avons déjà vu de nombreuses traces de la piété des Alsaciens. Tandis que dans bien des pays de France l'évolution hâtive des idées libérales mal comprises a amené une incrédulité malsaine, parce qu'elle ne peut être réfléchie, et parce que rien, dans les esprits simples, ne peut remplacer la foi ; ici, au contraire, la brutale invasion qui a isolé l'Alsace, ne la laissant plus française, ne la faisant pas allemande, a empêché ce pays de suivre le mouvement anti-religieux auquel l'eût soumis le courant sceptique qui entraîne à la corruption morale bien des campagnes françaises.

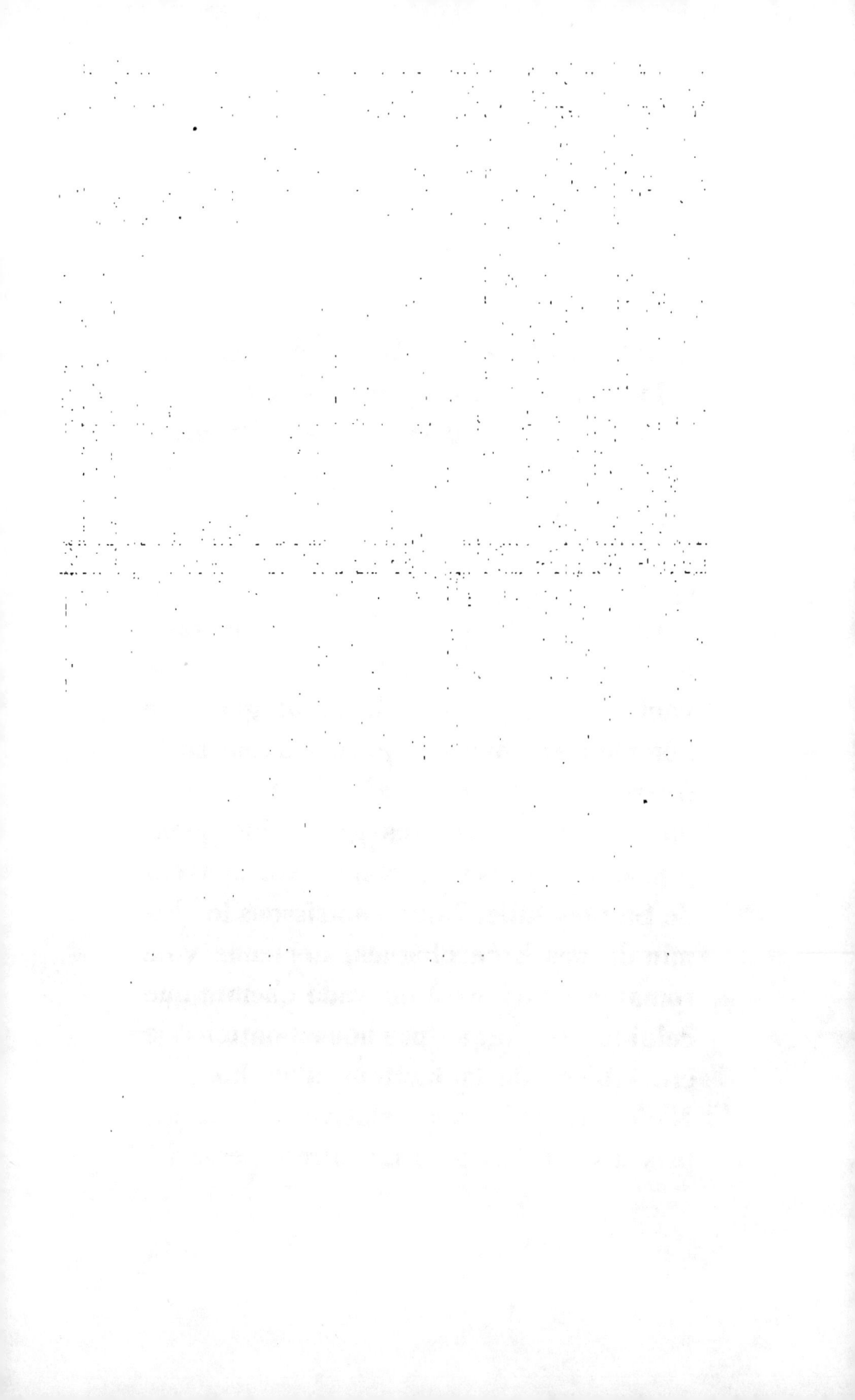

III

**Sainte-Odile. — Le chemin des archéo-
logues. — Le couvent. — Un séminariste intransigeant. — Un lever
de soleil manqué. — Bars. — Etu-
diants allemands. — Un espion.**

Le vent balayait la vallée avec un grand
bruit quand, au matin, un troupeau de
vaches est parti pour la montagne. Un
homme le conduisait, jouant d'une sorte
de trompe aux sons plaintifs. Vite, nous
nous sommes levés. Les guides indiquent
plusieurs routes pour monter au couvent
de Sainte-Odile. Nous choisissons le chemin dit des Archéologues, ancienne voie
romaine. Ah ! c'est un rude chemin que
celui-là. A chaque pas nous montions, je
crois bien, de la hauteur d'un homme.
N'eût été sa largeur relative, on l'aurait
pris à coup sûr pour un torrent desséché

bien plutôt que pour une route jadis car-
rossable. Quand, après plusieurs haltes,
nous arrivâmes en haut du chemin des
Archéologues sans avoir vu la moindre
trace d'antiquités, nous nous trouvâmes
dans une très riante et très verte vallée
que domine le rocher de Sainte-Odile. La
prairie semblait un grand lac de verdure
dans un cirque de collines boisées. D'un
seul côté la vue s'étendait sur la plaine,
grise encore des brouillards du matin.
Maintenant, au lieu d'un chemin âpre,
poudreux, caillouteux, raviné, s'offre une
large route en pente assez douce qui conduit jusqu'à la porte du couvent. De tous
côtés nous entendons bruire de petits
ruisseaux qui répandent la fraîcheur.C'est
uns singulière fortune que de trouver, par
les journées chaudes, une source d'eau très
claire, au goût de neige fondante, un peu
battue par sa trainée sur un lit pierreux,
défroidie par ses chutes à travers les
rochers. Partout dans les Vosges nous
avons eu ce bonheur de ne jamais souffrir
de la soif, mais nulle part nous n'avons

trouvé une eau plus délicieuse au goût
que celle des ruisseaux de Sainte-Odile.
La route montant sous bois nous conduit
doucement à un gros rocher d'où coule une
fontaine.

La légende raconte que au temps où la
renommée de haute piété et de vertus de
Sainte Odile attirait au couvent nombre
de pèlerins et de malades, un vieillard qui
avait monté déjà presque toute la côte,
épuisé d'un tel effort, s'était laissé tomber
auprès du rocher, mourant de soif. Sainte
Odile, qui passait par là, pria Dieu de
venir en aide à ce vieillard : Soudain une
source jaillit et le vieillard put se désaltérer. Aujourd'hui cette source miraculeuse
guérirait des maladies d'yeux, selon la
croyance populaire.

Encore quelques minutes de marche, et
nous voici à la porte du couvent. A peine
entrés dans la cour, nous sommes reçus de
la façon la plus affable par une sœur déjà
âgée qu'on nous apprend bientôt être la
supérieure. Notre intention d'abord n'était
que de prendre un repas et de repartir.

Mais quand nous avons un moment joui de
la vue qui s'étend en face du rocher de
Sainte-Odile, quand nous en avons parcouru les alentours, nous décidons bien
vite de nous arrêter un jour ici.

Doux et paisible couvent de Sainte-
Odile, ce n'est pas un jour, c'est un mois
que nous aurions voulu y passer ! La vie
invariée, y est tranquille et religieusement
sereine. Là haut, sur le roc perdu, nul
bruit du monde ne trouble la solitude très
riante. Une impression de calme vous
pénètre dès l'entrée : une vaste cour avec
des arbres séculaires ; à droite de la grande porte le couvent proprement dit ; à
gauche, après l'hôtellerie, les bâtiments
neufs du couvent des hommes, où l'on entend pendant presque toute la journée des
chants vagues et doux d'harmonium ; plus
loin, un hangar spacieux où travaillent
deux sculpteurs sur bois. Une seconde
cour toute entourée de bâtiments donne
accès sur la partie du couvent où se trouvent les cuisines, les réfectoires, et, au-
dessus, les appartements réservés aux

voyageurs. Nous demandons une chambre donnant sur la plaine du Rhin. La vue en est superbe ; on distingue parfaitement les cimes les plus hautes de la Forêt-Noire au lointain horizon. Entre les Vosges et Schwartzwald, la large plaine du Rhin s'étend avec ses villages nombreux, si nombreux qu'on dit voir à l'œil nu trois cent cinquante de ces petites taches gris foncé dans la plaine jaune et blanche. Le miroitement du soleil sur les eaux argentées du Rhin attire le regard ; le fleuve divise en deux parties, comme une ligne tortueuse, le tableau déployé aux yeux des voyageurs.

Le déjeuner est servi dans un réfectoire voûté d'un aspect antique et religieux, et pourtant sans tristesse. Comme nouveaux venus, nous sommes au bas bout d'une table longue où plusieurs familles alsaciennes au parler très français ont pris place avec quelques prêtres. La cuisine est délicieusement aromatisée avec des plantes de la montagne. Il est surtout un plat local composé de viande de bœuf et de

porc hachée, avec des œufs et de la farine
assaisonné d'herbes, qui, dans sa simpli-
cité, nous semble exquis. Peut-être aussi
l'air de la montagne et la longue course du
matin étaient-ils pour quelque chose dans
notre régal. Lorsque trop repu, on a le
malheur de renoncer à un mets, les sœurs
qui vous servent souriantes et aimables
se désolent de voir refuser ce qu'elles
offrent ; elles insistent ; et elles ont comme dernier argument une façon de dire :
« C'est tonc pas pon ? » avec un sourire
éploré qui vous forcerait à manger comme
trois ogres pour leur prouver quel cas on
fait de leur cuisine.

Le soir, au dîner, nous nous trouvons
auprès d'un séminariste à la veille d'être
ordonné prêtre. Très gai, d'un caractère
jeune, il a bientôt fait connaissance avec
nous. Mais sous son enjouement nous
découvrons un tempérament batailleur
Pendant tout le repas il ne cesse de nous
parler des protestants comme il le ferait
de bêtes sauvages avec une idée de les

détruire. Que serait-ce des Juifs ou des Turcs ?

Nous nous promenons après dîner tout autour du couvent. Le soleil se couche derrière l'épaisse forêt d'Obernai dont le feuillage ordinairement d'un bleu sombre est tout éclairé et tout enrougi. Nous causons avec notre jeune séminariste qui nous raconte l'histoire du couvent et des croyances superstitieuses qui y sont attachées. Des circonstances miraculeuses auraient signalé l'origine de la chapelle proprement dite de Sainte-Odile. Saint-Jean Baptiste, après avoir tracé de ses mains le plan de l'édifice serait venu, entouré d'un cortège d'esprits célestes, en faire pendant la nuit la consécration. On montre aussi dans la Chapelle des Larmes une excavation assez profonde creusée dans une pierre en avant de l'autel par les larmes que Sainte-Odile versait dans ce lieu en priant le ciel pour le salut de son père : « Le Seigneur ne différa pas de luy faire connoître qu'elle estoit exaucée, car après avoir demeuré cinq jours dans sa

5

retraite toujours fondant en larmes, elle
vit l'âme de son père conduite dans le ciel
par des anges. (1)

Il faut croire d'ailleurs que tous les
jeûnes, les prières, les macérations de la
Sainte n'étaient pas inutiles pour obtenir
une telle grâce, car le père de Sainte-
Odile nous apparaît comme une de ces
brutes moyen-âgeuses, de ces soi-disant
chevaliers demi-sauvages, rudes jusqu'à la
férocité. Cet Eticho ou Attic avait repoussé
de son foyer sa fille Odile parce qu'elle
était née aveugle ; et, lorsque plusieurs
années après, il apprit de la bouche d'un
de ses fils le retour de l'enfant élevée à
Beaume-les-Nonnes, son premier mouvement bien digne d'un père fut d'entrer en
une violente colère et de tuer son fils pour
le remercier de la bonne nouvelle.

Ailleurs, autour de la chapelle des

---

(1) Histoire de la Province d'Alsace, par le R.
P. Laguille. Strasbourg 1747, 1re partie, Tome 5,
page 392.

Anges ainsi nommée parce que Sainte-
Odile y fut favorisée de plusieurs visions
célestes, on avait laissé un très étroit sentier à pic au-dessus de la vallée. La
légende raconte que toute jeune fille qui
fera neuf fois le tour du petit bâtiment
sans choir du sentier à pic dans le vide
est certaine de se marier dans l'année.

Bonnes légendes, charmeuses croyances auxquelles on se donnait jadis de tout
cœur et qui ne faisaient de mal à personne,
illusions aussi vieilles que les choses auxquelles tiennent, qui entretenaient dans
le peuple une foi toujours sereine sinon
orthodoxe ! Notre jeune prêtre, avec un
zèle étroit, veut détruire ces superstitions
qu'il trouve ridicules. Le pauvre homme !

Notre conversation est interrompue
par des chants d'orgue qui partent de la
chapelle. Nous nous y rendons : c'est le
salut. Dans la toute petite église à peine
éclairée, très recueillie, respirant la sain-
teté, nous nous agenouillons. Les voix des
frères résonnent bien en la petite église,
et dans la demi-clarté des cierges rares,

les chants religieux, graves, empreints de quelque tristesse inspirent des idées de recueillement.

Pour finir le salut, au moment où l'on éteint les derniers cierges, la petite maîtrise chante un cantique en langue alsacienne qui se termine par un « Maria Salve », sur des notes pleines à la fois de langueur douloureuse et de vigoureuse piété.

A la nuit tombée, très-tard, le vent nous berce, qui chante dans les arbres des forêts, en bas, bien bas, au-dessous du couvent. Puis tout bruit cesse, un grand calme, une paix troublante s'empare de la campagne : les villages nombreux éteignent leurs lumières de plus en plus rares, jusqu'à l'heure où tout, par un ciel nuageux, devient noir dans l'espace.

Le lit est très-mauvais ; je suis éveillé dès trois heures du matin pour jouir du soleil levant : hélas ! les nuages couvrent la plaine jusqu'à Schwarzwald. C'est là pour un voyageur dans les montagnes, une des plus amères désillusions ; avoir compté sur

un ravissant lever du soleil et ne voir
devant soi au plus lointain horizon, que de
noires masses nuageuses qu'aucun rayon
n'éclaire ! (1)

Le dimanche matin, avant même l'office,
nous descendons de Ste-Odile vers Barr
pour prend. le train de Schlestadt. Le
temps est très-beau, un peu chaud ; la
descente à travers bois par des chemins
fort bien entretenus mais dont le pittoresque n'est point détruit, est, dans cette
matinée tiède, très-douce et très-gaie. Il
nous faut cette gaieté de la lumière
et des bois ensoleillés pour nous consoler
de quitter le cher couvent de Ste-Odile.
En route nous rencontrons des gens de la
plaine, endimanchés, les femmes avec la

---

(1) Il ne faut pas manquer de voir, aux environs
de Ste-Odile, le mur Payen, contre lequel les
archéologues de tous les temps ont frappé leurs
crânes chauves sans en découvrir la véritable
origine, le Mennelstein dénudé, auquel on arrive
par le sentier des Pains et les ruines de Lauds-
perg, de Dreystein, et de Kagenfels.

jupe aux couleurs voyantes et sur la tête le large nœud alsacien ; les hommes, chaussés de guêtres noires, coiffés de chapeaux à grands bords, portant des paniers de provision et des cruches de vins : ils vont passer leur dimanche dans les bois, sur la montagne, et chantent gaiement en poursuivant leur route. Nombreux sont les enfants dans ces familles, qui nous saluent en Alsacien et que notre « bonjour » français étonne. Ces petits dans leur endimanchement ont l'air bien grave, mais non gauche. Ils semblent forts et adroits.

Pour gagner Barr nous voulons couper au court et nous nous perdons dans des champs en pente plantés de hautes vignes, de pommiers et de houblons. De loin nous apercevons la petite ville. Le soleil devenu plus chaud et plus ardent frappe la petite église toute blanche et se reflète dans les vitrages plombés : des voix justes et bien timbrées chantent à l'intérieur des cantiques dont les fins de vers viennent jusqu'à nous, adoucies.

Nous voici presque dans la plaine ; les
gens ici sont plus bruns, avec des cheveux
quasi noirs et des visages hâlés. Barr est
un bourg français d'aspect. On y parle
français autant qu'allemand, sinon plus ;
et les enseignes des commerçants sont
presques toutes françaises. Les femmes
endimanchées veulent prendre des airs de
dames de la ville et sont affublées de très-
ridicule façon ; que n'ont-elles gardé le
simple et gracieux costume de notre vieille
Alsace, si original !

Dans la wartsaal de la gare de Barr,
aperçu deux espèces d'échassiers, très-
guêtrés, en culotte, le chef coiffé d'une
minuscule casquette ; quasi point de poil
au menton, déhanchés en des costumes
trop collants ; ces étranges bipèdes, à
la voix rauque, qui avalent d'énormes
verres de bière en mangeant quantité de
pretzels sont deux étudiants allemands en
promenade : deux vélocipèdes les atten-
dent à la porte. Ce sont les seuls allemands
que nous ayons vus depuis longtemps.
Leur aspect n'a rien de fort agréable et

nous préférons ne rencontrer que le moins souvent possible ces bizarres hérons envahissants et néfastes.

A peine sommes-nous installés dans le train que monte un homme d'une quarantaine d'années, vêtu comme un voyageur quelconque mais au regard louche, à l'air gêné et inquiet. Il montre au chef de train son billet, sans doute une carte de parcours, en ayant l'air de se cacher de nous. Nous le regardons attentivement : il détourne les yeux. Quand nous semblons occupés à examiner la campagne, il regarde à la dérobée de notre côté. Plus de doute : c'est un espion, un policier allemand mis à nos trousses. Que faire ? Si nous laissons échapper quelques mots qui dévoilent nos sentiments, nous sommes sûrs d'être reconduits à la frontière. Aussi nous taisons-nous, en songeant tous deux à la redoutable organisation de l'espionnage allemand, monstre aux mille yeux toujours en éveil.

Le chemin de fer longe d'abord les Vosges, dont il s'éloigne peu à peu. La plaine nous parait bien nue et bien banale après les paysages variés de la montagne boisée.

CHAPITRE III

DE

SCHLESTADT A MULHOUSE

RETOUR

I

Schlestadt. — Le Hoh-Kœnigsbourg. — Un ancien soldat français. — La Marseillaise. — Un douanier qui fait les extras. — Les Alpes. — Lever du soleil. — Un peu d'histoire.

Schlestadt s'annonce par un bruit de cloches dominicales. Dès l'arrivée en gare notre compagnon de voyage descend en toute hâte en nous lançant un mauvais regard : assurément notre espion, outré de notre silence, va nous jouer quelque mauvais tour. C'est avec cette inquiétude que nous entrons dans la petite ville encore très-française de Schlestadt. Elle n'est pas fort gaie et semble un peu abandonnée ; depuis 1870 elle a perdue beaucoup de son importance. Les fortifications sont maintenant délaissées ; la population est rare, les rues presque désertes. Les

dimanches d'été Schlestadt n'est plus
dans Schlestadt. Tout le monde quitte la
ville pour la montagne. Les trains regor-
gent de monde ; et sur la route, dans les
nuages épais de poussière filent bruyam-
ment des voitures de toutes les sortes, de
tous les modèles où sont entassés des gens
de toutes les conditions. Les plus pauvres
ou les plus intrépides s'en vont à pied,
d'un pas rapide.

En passant à la brasserie dont le mai--
gre jardin est tout gris de poussière, on
s'arrête et l'on boit vite quelques « grat »
d'une bière légère à douze pfennig ou
trois sous, car on compte encore en sous
en Alsace. Nous voyons des familles tout
entières ainsi arrêtées. A une table, des
jeunes filles se hâtent de boire, pour
repartir ; et l'on ne s'étonne point, et personne ne trouve à dire à ce qui passerait
chez nous pour une conduite bien légère :
des jeunes filles s'arrêter seules au caba-
ret où à la brasserie. Presque tous les
gens rencontrés parlent français et affectent de ne point parler d'autre langue. En

prenant leurs billets les voyageurs dési-
gnent les localités par leur ancien nom
français. La plupart des employés du
chemin de fer sont des Alsaciens auprès
desquels notre qualité de Français nous
rend tout de suite sympathiques.

L'aubergiste chez lequel nous prenons
un repas en attendant l'heure de notre
départ pour le Hoh-Kœnigsbourg nous
parle longuement ; mais il recommence
lui aussi les reproches déjà si souvent
entendus contre la France qui a abandonné l'Alsace, comme une mère sans
entrailles qui abandonnerait son enfant.
Les reproches sont exprimés avec un peu
d'amertume ; il lui semble, comme à tous
ces braves gens, que la France a donné
l'Alsace et la Lorraine de gaieté de cœur,
sans un regret et qu'elle ne songe plus
aux Français d'au-delà des Vosges. Notre
hôte se promet de venir passer quelques
jours à Paris pour l'exposition de 1889.
Ainsi à Saverne, à Strasbourg, à Ottrott,
à Barr, partout nous avons rencontré des
Alsaciens qui se promettent de donner

cette preuve de sympathie à la France.

A la gare une foule de monde monte à l'assaut des trains qui gagnent les environs de Schlestadt. Nous nous trouvons dans un compartiment composé uniquement de français, des chants de France retentissent d'un bout à l'autre du train.

A la petite halte où nous descendons et dont j'ai oublié le nom un employé de chemin de fer qui revient de Schslestadt nous met dans le bon chemin. Comme il doit faire route un moment avec nous, on cause ; le brave homme est un ancien soldat français. En 1870, il avait fait un congé de sept ans. Il s'est engagé pour faire la guerre dans nos rangs. La défaite subie, après la captivité, il est rentré au pays, au pays devenu Allemand. Ses parents avaient quelques biens, de la terre qu'on ne pouvait vendre ; lui il aimait son Alsace, Schlestadt, les belles montagnes Vosgiennes ; il a voulu vivre où ses parents avaient vécu ; de plus sa « promise » était des environs de Schles-tadt, y avait toute sa famille, son maigre avoir ; on ne pouvait tout quitter pour l'option. Et l'ancien soldat français, regrettant le passé, confiant pourtant dans ses vieux compagnons de France, attend et espère. Combien sont-ils ainsi de braves gens, en Alsace : presque autant que d'Alsaciens qui ont connu la France. Nous lui serrons la main en le quittant : il nous crie avec un clignement d'yeux de vieux troupier : « Au revoir ! »

Il fait un soleil très-chaud, un vrai soleil d'août. La large route pour monter au Hoh-Kœnigsbourg, par le versant de la Liepvre est en pente très-douce, mais fort longue. A mi-chemin nous prenons une traverse ; mais alors la montée devient raide, et malgré l'ombre des arbres touffus nous sommes accablés par la chaleur. De tous côtés, dans les bois, des cris de fête, des airs alsaciens chantés par des voix très-justes et souvent belles, de ces airs un peu mélancoliques et qui font rêver plus qu'ils n'égaient. Soudain retentit tout près, sous bois, un chant mâle, entraînant, belliqueux, entonné par des

voix chaudes et sonores ; des larmes nous
viennent aux yeux : c'est la *Marseillaise* !
Oh ! les braves gens que ces Alsaciens !

L'hôtel nouveau du Hoh-Kœnigsbourg,
fort bien situé, jouissant d'une vue très-
belle, est à une petite demi-heure au-dessous des ruines. Nous nous arrêtons avec
l'intention de déposer notre sac, de nous
désaltérer pour reprendre ensuite le chemin du château. Mais nous sommes si las,
il fait si bon sur la terrasse de l'hôtel, que
nous remettons au lendemain matin notre
petite ascension. Une longue-vue est ins-
tallée, ainsi que des miroirs grossissants.
Nous revoyons la chère plaine du Rhin
sous un nouvel aspect ; et nous jouissons
pour la première fois de la vue des Alpes.
Tout au loin, bien loin, dans un rayon
de soleil, nous apercevons des pics tout
blancs, avec, à leur sommet, des teintes
rosées et violettes. L'apparition dure peu :
plus tôt le ciel était trop brillant ; un moment après notre arrivée voici que l'astre
disparaît au-delà des ruines et la vision

s'éteint dans les teintes grises de l'horizon.

Une tour en bas, à droite de la terrasse, porte un drapeau blanc et rouge ; la troisième couleur manque. L'autorité Allemande peut la penser noire, cette partie manquante du drapeau ; mais ici tout le monde la rêve, la voit bleue.

Il y a eu un monde fou toute la journée ; maintenant partent les derniers promeneurs ; les chants s'éloignent peu à peu avec les bandes qui regagnent Schlestadt et les villages environnants. La montagne redevient silencieuse et solitaire.

Il ne reste plus pour dîner avec nous qu'un vieux malade de Mulhouse faisant une cure d'air ici, et une jeune Suissesse brune, luthérienne, peu jolie, dont la double présence manque absolument d'intérêt. Ils causent religion, musique, cuisine, etc... sans paraître se douter qu'ils ont le bonheur de se trouver en face d'un panorama superbe, à quelques centaines de mètres des plus belles et des plus vastes ruines de toute la chaîne des Vosges.

Bu une absinthe blanche au goût
exquis d'herbes montagneuses. Le garçon qui nous sert a les mains calleuses,
porte toute sa barbe, et est vêtu d'un habit
à la française d'une ampleur démesurée.
Ancien douanier français, il a quitté le
service pour amener sa femme malade en
Alsace : l'air du pays natal la sauverait,
disaient les médecins. Elle est morte il y
a quinze jours, dans le village de St- Hip-
polyte, après six mois de soins. Maintenant il va retourner en France, avec ses
deux petits enfants, qu'il espère bien ra-
mener un jour ici, quand il fera son service de douanier français aux bords du
Rhin.

Nous avons aperçu plusieurs voyageurs
français dans la montée du Hoh-Kœnigsbourg ; ce pays est très-fréquenté par eux,
beaucoup plus que la basse-Alsace. Mais
jusqu'ici, pas plus que dans nos premières
excursions nous n'avons vu d'Anglais. La
mode n'est probablement pas de venir en
Alsace, chez ces trouble-fête, dont l'aspect ennuyeux gâte les plus beaux sites

et les plus riants paysages. Puissent-ils ignorer toujours que l'Alsace est un ravissant pays, hospitalier malgré sa détresse, gai, en dépit de ses malheurs, riche de beautés naturelles et d'habitants affables.

Au soir, au-dessous de nous, on entend de tous côtés les clochettes des troupeaux de vaches qui rentrent à l'étable, après la journée passée en pâture dans la montagne. Peu à peu, à mesure que l'ombre croît, les lumières s'allument dans les villages disséminés en plaine. Loin, très-loin, on aperçoit de petits points lumineux qui vont en diminuant, jusqu'à sembler aussi petits que des lucioles scintillant sur la terre brune...

Vers trois heures du matin, le jour naît. Un brouillard monte sur la vallée du Rhin. Les dernières lumières pâlies s'éteignent dans Schlestadt. En l'ombre moins dense on commence à distinguer les villages tout blancs. L'horizon est encore chargé de nuages.

Puis les brouillards de la plaine s'éclairent ; les sommets de la Forêt-Noire apparaissent, teintés d'un bleu sali. Au-dessus, annonçant le lever du soleil, se dessinent deux lignes superposées, d'abord étroites, l'une d'un beau rouge orangé, l'autre d'un jaune vif, qui s'élargissent de moment en moment et finissent par se confondre en la teinte jaune plus vigoureuse. Les quatre coups de quatre heures sont vingt fois répétés sur des tons variés par les cloches des villages, en bas. Des plaques de brouillard s'étendent, par espaces, sur la campagne. Un coq chante ; un ramier commence son roucoulement ; un oiseau de proie fait retentir son cri semblable au cliquetis d'un casse-noisette. Il s'élève une brise fraîche...

A l'orient les couleurs vives se sont éteintes dans le ciel gris en même temps qu'ont disparu les nuages. Le soleil sort de la Forêt-Noire brusquement, tout rouge d'abord, puis doré, puis rayonnant et triomphant dans sa splendeur matinale.

Cinq heures. Nous montons aux ruines du Hoh-Kœnigsbourg. Je partage entièrement l'opinion des dictionnaires et des

guides qui les représentent comme les
plus belles et les plus vastes de l'Alsace :
aussi me dispenserai-je d'en faire la des-
cription qu'on trouvera dans ces livres.

L'origine du château est contestée,
mais sa haute antiquité est incontestable.
Propriété d'abord des ducs de Lorraine,
puis des évêques de Strasbourg, devenu à
la fin du XVe siècle fief des Habsbourg
d'Autriche, plusieurs fois occupé dans sa
longue existence par des pilliards et des
bandits, le Hoh-Kœnigsbourg fut probablement détruit par les Suédois. Mais de
même que l'obscurité règne sur ses origi-
nes, de même on n'est pas fixé sur la date
de sa destruction. Cette forteresse immense
si magnifiquement située, n'a jamais
enfermé dans ses murs qu'un très-petit
nombre de défenseurs. On comptait sur
sa force plus encore que sur les troupes
qu'il aurait pu contenir. Ainsi au XVe
siècle, vers 1454, c'est quelques bandits
seulement, une vingtaine peut-être, qui
l'occupent. Ces soi-disant chevaliers descendent parfois dans la plaine et pillent,

battent, rançonnent, tuent au besoin les passants qui vont de Strasbourg à Mulhouse ou à Bâle. Il faut pour vaincre « cette nichée de gens de sac et de corde » que la « formidable artillerie de Strasbourg » intervienne, avec les milices de Strasbourg, de Colmar, de Schlestadt, et les troupes de l'évêque, du sire de Ribeaupierre et de l'archevêque Sigismond d'Autriche.

Un siècle plus tard, le gouverneur, commissionné par la maison d'Autriche, n'a guère avec lui que vingt-une personnes, dont un chapelain et deux servantes. (1)

Au moment des troubles du commence-

(1) En 1530, le gouverneur du château n'a guère avec lui que vingt-et-une personnes, savoir : un servant d'armes, un garçon d'écurie, (trois chevaux), un maître-arquebusier, un cellerier, un cuisinier, un garçon de cuisine, un boulanger, deux âniers (et quatre ânes pour amener les provisions de bois), six gardiens, un gardien de jour sur l'échauguette ou le lanternon, un portier, un maréchal-ferrant, un chapelain, deux servantes pour prendre soin de la literie, du linge et du mobilier.

ment du XVIIᵉ siècle, Rodolphe de Bollwiller, tenancier de la maison d'Autriche, qui a succédé aux Sickenger, demande du renfort, on lui envoie six nouveaux soldats (4 avril 1609) ; l'an d'après (21 juillet 1610), sur ses nouvelles instances, au lieu de quarante hommes qu'il demande, on lui en envoie douze.

A cette époque déjà, le château est en fort mauvais état : « La toiture, quoique souvent restaurée, tombe ; il y a six portes et ponts-levis à réparer ; les voûtes périclitent partout, il faut les défaire et refaire ; le mur d'enceinte et de défense est sur le point de chuter et se trouve en ruine sur plusieurs points. » (1)

Arrive la guerre de trente ans si funeste aux burgs d'Alsace : les bandes de Mansfeld épargnent le Hoh-Kœnigsbourg. Mais au printemps de 1633, les troupes suédoises commandées par le colonel Fischer

---

(1) Lettre d'Adolphe Bollwiller à MM. de la Régence d'Ensisheim, citée par Spach. Bulletin de la Société, etc.

investissent le château. On a trouvé une
série de documents qui attestent une résis-
tance désespérée de la part du comman-
dant autrichien Lichtenau, avec une poi-
gnée d'hommes dans cette place qui
menaçait ruine. Le siège dût être long.
On ne sait ni quand ni comment il se
termina. Il paraît certain toutefois que
les Suédois s'emparèrent du Hoh-Kœnigsbourg et le démantelèrent.

Pendant plus d'un siècle on ignore ce
que devinrent les ruines. En 1756 le château (en quel état ?) est aux mains du
Baron Ferdinand-Sébastien de Sieken-
gen, de la famille des anciens tenanciers
de la maison d'Autriche. En 1770 il passe
à la famille de Bourg qui prend le nom de
Bourg d'Orschwiller et est encore en pos-
session en 1830. Enfin les ruines du château
de Hoh-Kœnigsbourg déblayées et en
partie consolidées de 1856 à 1864 devien-
nent en 1864 la propriété de la ville de
Schlestadt. (1)

_____

(1) Voir à l'appendice. Note III.

Les Suédois ont donc passé par ici dans la désastreuse guerre de trente ans ; et, du beau château, rien n'est resté que ce qu'on voit encore. En parcourant ainsi les Vosges, ces pauvres Suédois vous apparaissent dans le passé comme une troupe de démolisseurs portant, en guise de lances et d'épée, des pioches et des haches, une sorte de bande noire avide de briser et de détruire, ne laissant sur son chemin que ruines et misère.

Entre les pierres qui se descellent des arbustes vigoureux ont poussé, qui cachent d'un voile de fleurs odorantes et de feuilles touffues les anciens pans de muraille encore debouts. Même nous trouvons quelques grappes de raisin vert sur des vignes suspendues capricieusement à mi-hauteur d'une tourelle ou dont le bois tortueux sort d'un créneau.

Du haut des tours que l'on ascende assez facilement par de ∕ escaliers de pierre la vue est je crois la plus belle que nous ayons eue de tout notre voyage. Le panorama s'étend aux quatres points cardinaux.

Voici en face de nous la plaine qui fuit
jusqu'en Suisse, et dans laquelle se perdent les divers contreforts des Vosges ;
un peu à gauche, les taches noires des
forêts de Colmar, de la Thur, le Kasten-
wald et le blanc filet du Rhin entrevu ; à
l'horizon les cimes du Jura et des Alpes,
se confondant avec les nuages irisés blancs
et roses. A notre gauche s'éveillent
Schlestadt, l'Illwald touffu et la large
vallée du Rhin dont les derniers brouillards s'évanouissent dans la lumière solaire
largement épandue. De tous autres côtés
autour de nous, ce sont les forêts des
Vosges, avec les ballons aux pics les plus
élevés du Hohreck, de Guebwiller, d'Alsace, dans la direction méridionale, et du
Grand Donon, du champ du Feu, du Noll,
au nord. Ainsi tandis que d'un côté nous
apercevons, dans la lumière gaie et vivante
du jour naissant une immense étendue
découverte, sans autre borne que, tout au
fond de l'horizon les montagnes à peine
distinctes dans l'éloignement, de l'autre
s'offre à nos yeux un paysage proche,

encore brumeux, un chaos de pics inégaux
et de formes étranges, dont la plupart
semblent dormir, enveloppés encore des
ombres de la nuit.

Par des sentiers de traverse d'une rapidité vertigineuse, descente à l'hôtel. Puis
en route dans la direction des lacs Blanc
et Noir et du col de la Schlucht. Nous
nous arrêterons ce soir lorsque nous
serons las.

II

Aubure. — Une mauvaise auberge. —
La Poutroye.— Un « ouverier » — On
demande des touristes. — Le gendarme et le voleur. — Les chaumes
— Le lac Blanc. — Histoire d'une
famille anglaise et de deux jeunes
gens bien élevés. — Dans les nuages.

Pris une route qui descend de l'hôtel du
Hoh-Kœnigsbourg en pente très douce.
Puis erré très longtemps sur les flancs
d'une montagne qui domine la vallée de
Sainte-Marie-aux-Mines, dans les bois
épais. Une foule innombrable de ruisselets
se déversent de cette montagne pour ali-
menter la Liepvrette, ils serpentent entre
les arbres, le long des routes, se jouent au
travers des sentiers, se perdent en vingt
bras sans profondeur, parfois même s'éten-

dent en une nappe marécageuse cou-
verte d'une abondante végétation.....

C'est en plein midi, sous un soleil de
feu, après plus de six heures de marche
à travers bois, après nous être perdus trois
fois, avoir interrogé dix bûcherons en
forêt et autant de faucheurs dans les prés
qui, tous, nous répondaient en un patois
inintelligible, qu'enfin, suants et harras-
sés, nous sommes arrivés à une auberge
d'Aubure. Triste auberge dont l'hôte n'est
pas digne d'être alsacien : maison disgra-
cieuse, où la nourriture mauvaise, mal
préparée, assaisonnée à la diable se vend
très cher. On se croirait en un des exécra-
bles hôtels allemands de Strasbourg.

D'Aubure à la Poutroye, plus de som--
mets, plus de forêts abruptes ; la vallée
d'abord assez jolie est semée de villages
blancs dans la verdure sombre ; puis les
cultures commencent en une région moins
élevée ; on arrive au bourg de la Poutroye, très propre mais sans la moindre
originalité. Ici on ne parle que français,
même dans les bureaux de l'administration.

Nous trouvons une auberge vaste, bien tenue, d'une propreté radieuse, mais absolument vide de voyageurs ; nombre de chambres sont préparées pour les touristes français qu'on attend toujours et qui sont si rares.

Un gros et grand gendarme allemand au casque en cuir bouilli, chaussé de larges bottes, avale des chopes aux frais des marchands qui viennent d'une foire voisine. Comme il ne sait guère le français, personne ne lui parle en allemand, ce qui le force à apprendre la langue chère aux vaincus. Tout à coup des cris retentissent dans la rue ; notre gendarme lentement se lève, vide son verre sans se presser, se met sur le pas de la porte, et regarde. Un chenapan d'une quinzaine d'années, loqueteux, hâve, pieds nus, s'échappe d'une maison dans laquelle il vient de commettre un vol et dont les habitants le poursuivent. Notre gendarme parlemente avec les volés et le voleur. Il va enfin empoigner celui-ci. Mais le gamin se débat, abandonne aux mains du gros

7

gendarme stupéfait le col de sa blouse en lambeaux, et s'esquive, à la risée générale. Le représentant de l'autorité impériale vexé s'élance à sa poursuite. Mais comment courir avec un pareil ventre et de telles bottes ! L'avance prise par l'escarpe est bientôt telle que le gendarme essoufflé se décide à revenir sur ses pas en riant d'un gros rire.

Autre type : un ouvrier (pronoccez ouveurier) parisien. Faiseur de bruit et de manières, épateur, comme tous ses pareils, il remplit de son bagout et de ses brailleries la grand'salle basse. Il étonne les indigènes par des fanfaronnades de faubourg, provoque tout le monde au billard, rend au plus fort la moitié des points, se vante de faire de séries interminables, et finalement... perd la partie, en riant le premier de sa déconvenue. Il disparaît un moment, et l'on entend retentir dans la rue les sons d'un cor de chasse. « Encore ce diable de parisien » crie la salle en chœur , et on l'écoute. Il prend ainsi sa revanche de la partie perdue : il épate.

Le voici revenu : il chante, il roucoule des tyroliennes, il débite des calembours, il boxe, il fait du bâton avec une queue de billard, il tutoie le gros gendarme ébahi en lui tapant sur le ventre ; il appelle tous les braves villageois « ma vieille branche », imite de sa voix grasse le chant du coq, le bêlement du mouton, le miaulement du chat, les cris de toutes sortes d'animaux ; il raconte avec des mots très-crus des histoires d'actrices parisiennes en vogue, que les habitants de ce bourg n'ont jamais vues sans doute et ne verront jamais. Il épate encore et jouit de son triomphe. A Paris ce gavroche parlant de la gorge nous aurait paru fade et banal ; là-bas ç'a été un plaisir pour nous d'entendre cette langue faubourienne, de retrouver un parisien de Paris au milieu de ces français d'Alsace qui l'aimaient et se réjouissaient à l'entendre ..

Il a plu la nuit. Au jour, une éclaircie. En route ! Notre projet d'itinéraire porte : de la Poutroye à la Schlucht, par le lac

blanc. Nous nous faisons indiquer les chemins de traverse, car la route est longue ;
naturellement, ces chemins de traverse
vont encore allonger notre course. Nous
montons, nous montons ; dans la côte de
nombreuses maisons sont disséminées : les
villages s'éparpillent ainsi sur de vastes
terrains jusqu'aux chaumes. Des bandes
de gens endimanchés, descendent vers la
Poutroye ; ils vont assister à l'installation
du nouveau curé, une fête pour cette pieu-
se population. Quelques femmes ont de
larges goitres dont le gonflement dépare
leur cou.

Sur la montagne, de vastes étendues,
presque arides, ce sont les chaumes. Des
vaches maigres et des chèvres étiques
paissent une herbe clair-semée parmi
laquelle fleurissent misérablement des
pensées sauvages, des bruyères naines,
quelques clochettes jaunes sans parfum.
Des filles et des garçons sales, déguenil-
lés, misérables, ayant l'air idiot, gardent
ces bestiaux ; ils s'approchent de la route
pour nous voir passer, rient d'un rire fêlé

de crétins, et causent d'une voix traî-
nante, dans un patois bizarre. Nous rencontrons des cahutes basses, où l'on fabrique du fromage ; elles semblent inhabi-
tées, pas un bruit n'en sort, leur aspect
est triste et pauvre. Par endroits, sur les
versants, on a tenté de boiser : les arbres
poussent à peine, maigres et rabougris.
Les chaumes veulent garder partout leur
misérable nudité.

Nous nous perdons une dernière fois
dans les marais ; si vous êtes un homme
vif, lecteur mon ami, ne suivez jamais
les chemins dits de traverse en pays que
vous ne connaîtrez point ; suivez la grand'
route ; elle semble plus longue, en somme
elle est plus brève, car on s'y perd moins.
Mais si vous aimez les surprises, faites-
vous indiquer par des paysans le chemin
le plus court, vous vous perdrez dix fois
en des bois, en des marécages, en des
champs interminables, en des sentiers
sans fin, qui vous mèneront à de nouveaux champs ou à un ruisseau infran-
chissable ; vous maudirez votre guide et

désespérerez d'arriver jamais, quand tout
à coup, au détour d'un chemin, vous
apercevez le but tant espéré de votre
course. C'est ce qui nous arriva au lac
Blanc : après bien des détours, affamés,
perdus, nous songions, navrés, que l'heure
du déjeuner allait passer, et que le lac
Blanc était peut-être loin encore, quand,
tout à coup, en tournant la route, nous
l'aperçûmes en bas, au-dessous de nous.

Le lac Blanc était noir. Etait-ce un
effet de la réflexion des pins qui le dominent ou de celle des nuages qui, ce jour
là, changeaient le ciel en une vaste tache
d'encre ? Tout noir qu'il était le lac Blanc
nous parut très-beau, très-pittoresque,
dans un cirque de rochers d'aspect sauvage. Un rayon de soleil filtra entre les
nuages et miroita sur le lac en une longue
traînée blanche, d'un éclat qui blessait
l'œil

Puis une ondée vint à tomber ; dans
cette région, jusqu'au-delà de la Schlucht,
les pluies sont très-fréquentes en été.

Comme nous allions nous mettre à table

à l'hôtel unique du lac Blanc, voici deux
« sociétés » qui s'installent. Nous avons
déposé nos sacs dans un coin de la salle
à manger, et les yeux de tous ces gens se
portent alternativement de nos sacs à
nous et de nous à nos sacs, comme si nous
étions des bêtes vraiment curieuses. Nous
nous trouvons placés entre les deux bandes, entre deux feux, comme vous l'allez
voir.

D'un côté ce sont sept anglais : le père,
la mère, trois filles, deux fils très-jeunes.
Tous très-laids, avec de grandes dents,
l'air pincé et niais, gauches, et d'un ridicule à désarmer la plaisanterie.

Dans l'autre camp des français. Comme
premiers sujets, un général et deux polytechniciens : comme comparses, deux
dames encore jeunes et un individu très-
pommadé qui pose beaucoup. Nos gens
ont reçu l'ondée de tout à l'heure : le
général, trempé jusqu'aux os, a dû emprun-
ter à l'aubergiste une chemise de flanelle
trop petite, et des vêtements trop étroits.
En cet accoutrement ridicule, il gesticule

beaucoup. La discussion roule sur une question de musique. Les deux jeunes gens y font à chaque instant intervenir « l'Ecole », ses maîtres, ses élèves, son avenir, « l'Ecole » vous comprenez bien, la grande, la vraie, la seule Ecole, l'Ecole polytechnique, pour l'appeler par son nom. Je ne sais pas trop ce que cela faisait dans la discussion musicale, que ces jeunes gens fussent ou non polytechniciens; mais il leur importait fort, à eux, que toute la galerie sut bien qu'elle avait l'honneur de déjeuner en compagnie de deux élèves de « l'Ecole ». La discussion prenait d'ailleurs des proportions pyramidales : le général en sortant ses bras poilus des manches trop courtes de sa chemise de flanelle, hurlait, sur un ton qu'eût envié Ramollot : « Mais n. d. D., je vous le demande : le sauvage est-il ou non la dernière expression du beau ? » Il rabâchait cette bête de phrase pillée je ne sais où, pour expliquer qu'il préférait les roucoulades incolores de Rossini à la puissante orchestation de Berlioz, et pour se

vanter de ne rien comprendre à Wagner.
Un de nos polytechniciens lui tenait tête
avec le monsienr qui ressemblait à un
modèle de coiffeur.

Cependant l'autre polytechnicien avait
tiré un petit album de sa poche, et croquait, croquait, tout en jetant des coups
d'œil fort impertinents sur le groupe
d'anglaises, dont nous le séparions. Puis
il passait ses caricatures aux deux françaises en riant de la façon la plus insolente.
Cela faillit tourner mal. Il y eut dans le
camp anglais un long et animé conci-
liabule, car le manège du jeune polytechnicien commençait à agacer les insulaires.
Enfin, ils résolurent de se venger de la
façon qui devait le mieux toucher des
français, par un trait d'esprit. Ce fut le
père qui se chargea de l'exécution et tout
à coup, au milieu du silence général, nous
l'entendîmes prononcer à haute voix, avec
un accent indéfinissable : « Quand je vôlé
un photographie, je avé un photographie ! »
Toutes les dents anglaises s'épanouirent.
Dans le camp français, on ne broncha pas.

On cherchait à comprendre. Pour nous, qui étions désintéressés de la lutte, nous sortîmes de l'auberge péniblement impressionnés de cette triste scène. . . . .

Nous côtoyons un moment les bords du lac Blanc, qui persiste à rester brun sous un ciel de plus en plus menaçant. Sans le perdre de vue, la route monte à travers les chaumes du Reisberg tristes et dénudés : d'ici le lac ressemble à certains fjords scandinaves tels que les peint Normann ; une seule barque sillonne la nappe d'eau très-calme où se reflètent les rochers aux formes bizarrement déchiquetées, et les nuages changeants et rapides qui courent en un ciel nuageux.

En suivant les bornes frontières qui s'échelonnent le long du sentier toujours montant, nous arrivons aux hautes Chaumes. Presque aucune végétation. Les nuages qui viennent de France couvrent les hauteurs vers lesquelles nous nous dirigeons. En approchant nous sentons une fraîcheur humide. On voit les nuages se glisser dans les échancrures de la

montagne, longer un moment la crête,
puis repartir vers la plaine du côté opposé.
Soudain un brouillard très-épais nous
environne. On n'y voit plus à dix mètres.
Nous sommes dans un nuage. En dépit
des manteaux en caoutchouc dont nous
nous sommes enveloppés bien vite, l'hu-
midité nous pénètre. Les nuées se succè-
dent rapidement et nous les voyons venir
à nous, nous entourer de leurs froides
vapeurs, et s'éloigner, se déchirer quand
elles rencontrent un obstacle, un arbre
rare, un poteau, une borne un peu élevée,
puis se reformer en tournoyant et reprendre leur course, avec un mouvement de
descente vers l'autre flanc de la montagne.

Le sentier frontière parcourt une région
très-élevée et très-aride. Du côté français
aucun essai de culture, quelques tourbières.
De l'autre côté on a tenté un reboisement ;
mais les arbres poussent rares et chétifs.
Pour gagner la Schlucht une sente quitte
la frontière et les hauteurs. En sortant des
nuages, nous nous apercevons qu'il a plu
beaucoup : le petit bois assez joli que

nous traversons près du Thanet a ses
arbres tout trempés et ses sentiers tout
boueux.

III

La Schlucht. — Gérardmer et les lacs.
— Une nuit agitée. — Deux officiers.
— Silhouettes de touristes : Don Quichotte et Tartarin. — La nature et
l'horticulture. — Le Honeck. — La
vallée de Munster.

Un chalet sur la route, à la frontière,
sur le territoire allemand, d'apparence
très-simple ; c'est la maison Hartmann,
au col de la Schlucht.

Nous entrons ; une salle à manger
avec, au fond, une terrasse qui donne sur
la vallée de Munster ; la vallée est encore
embrumée par les nuages. A gauche on
distingue une fort belle route tracée dans
la montagne et qui disparaît à quelques
deux cents mètres, sous un tunnel.

L'auberge de la Schlucht est très recom-

mandée par les « Guides » ; c'est pourtant
là que nous passâmes notre plus mauvaise
nuit. Nous demandions des chambres, on
nous offrit un grenier au second étage,
bien qu'il y eût de la place au premier.
Je revois encore cette triste mansarde
mal éclairée par une lanterne fumeuse et
meublée d'un paravant, de trois chaises
et de cinq lits : deux à droite de la porte
d'entrée, deux à gauche, un au fond auprès
d'une petite porte qui s'ouvre sur une
chambre à deux lits jumeaux. Les lits de
gauche nous furent octroyés. L'un était
en bois, haut et large, touchant presque
au plafond lambrissé ; l'autre tout petit
en fer. Le vent qui se joue au travers des
fentes du toit et amène en notre réduit
une douce fraîcheur, éteint brutalement
ma bougie.

Un camarade vient s'installer dans la
partie droite de notre taudis. Il étale
devant son lit le vaste paravant, essaye,
aussi vainement que moi, de faire de la
lumière, enrage, tempête, jure, et finit par
se coucher dans la demi-obscurité. Le

vent devient de plus en plus violent ; la lueur de la lanterne oscille. Il commence à faire vraiment froid. Je ramène mes couvertures et me pelotonne. La chaleur du lit ranime probablement quelques petites bêtes que le froid du grenier tenait engourdies, car je me sens bientôt tourmenté de cuisantes piqûres. Le lit de notre voisin crie pendant qu'il se remue et murmure. Lui aussi, le froid, la dureté du coucher et les puces l'empêchent de dormir.

Vers dix heures une ombre gagne à tâtons le petit lit du fond. C'est un garçon du châlet. Il installe auprès de la lanterne un réveil-matin qu'il a eu soin de remonter, se déshabille en deux temps, et se couche. Le réveil fait un tic-tac agaçant ; j'entends le camarade de droite qui se fâche et grogne dans son lit : « Satané réveil, quelle musique ! » Il finit par se lever, gagne à pas de loups le fond du grenier, met le réveil-matin à plat sur la planchette, et revient se coucher, espérant un instant de tranquilité. A peine est-il dans son lit que le domestique se met à ronfler avec une sonorité désespérante. Aux premières notes de cette nouvelle chanson notre voisin tressaute : « Animal ! » mugit-il furibond, et il se précipite vers le ronfleur, dont il pince délicatement le nez. De nouveau il retourne se coucher, en se disant tout haut à lui-même : « On prétend que ça les fait taire, et je crois, ma foi, qu'on a raison. » Le garçon s'est tu : on va donc pouvoir dormir ; il doit bien être minuit. Mais il se remue , se réveille , s'étire, se dresse sur son séant et regarde l'heure. « Tiens, dit-il, mon réveil qui ne marche plus. »

— « C'est moi qui l'ai arrêté, répond le voyageur derrière son paravent : à quelle heure voulez-vous être réveillé ? — A cinq heures. — Je m'en charge ; dormez en paix et surtout ne remontez pas votre coucou du diable. »

Le garçon se le tient pour dit et cinq minutes ne se sont pas écoulées qu'il a repris son ronflement sonore. « Ça a l'air

d'un brave homme, gémit le voyageur;
mais Dieu qu'il est embêtant ! »

Le vent gronde au dehors et nous sentons les rafales entrer furieusement dans
notre grenier. Maintenant il fait très-
froid.

Aux ronflements du garçon, aux mugis-
sements de la tempête se mêlent alors les
aboiements d'un chien au dehors. Et cela
continue ainsi jusqu'au moment où le
jour commence à se montrer timidement
par une petite lucarne, disputant mal le
grenier à l'obscurité qui semble son état
naturel. Il est quatre heures ; notre camarade de chambrée, un grand diable à la
tournure militaire et à longue barbiche,
s'habille bien vite, saisit sa sacoche,
réveille le garçon et descend avec un
soupir de soulagement.

Une heure après nous étions nous aussi
dehors, sur la route de Gerardmer. En
plein bois, par des sentiers, une descente
rapide ; puis une très-belle route. Le
paysage n'a plus la grandeur ni le pittoresque des sites vus sur l'autre versant

des Vosges. Ici tout devient gracieux, joli, élégant. Le naturel est remplacé par l'apprêt. Les routes bien tracées, bien nettoyées, les sentiers ratissés ressemblent aux allées d'un jardin anglais. Des lacs charmants, d'aimables cascades, une petite nature pomponnée. Pour les promeneurs de petite fatigue, tout ici devient sujet d'excursion : une pierre de taille oubliée au bord du chemin devient un monument druidique sous le nom de rocher de Charlemagne ; et si par aventure un caillou se place en travers d'un ruisselet, on vous envoie admirer cette « cascade » baptisée d'un nom sonore. Il y a cependant quelques beaux paysages qui valent une visite. Le joli lac de Retournemer, entouré de tous côtés de collines boisées qui forment entonnoir, ne manque pas de pittoresque. Quand du bord on regarde à l'entour il semble qu'on soit tout au fond d'un trou dont il serait impossible de sortir. Les bois de pins donnent aux eaux du lac où ils se reflètent une teinte sombre. L'aspect est plus gracieux que

beau : le lac Blanc avait quelque chose
de plus agreste, de moins artificiel.

Le lac de Gerardmer est bien plus vaste
que celui de Retournemer. Mais nous ren-
trons de plus en plus dans l'horticulture : le
pittoresque diminue à chaque pas. Des maisons blanches disséminées dans la colline,
des bâtiments d'école, édifiés près des bords
du lac, la route bien entretenue, les can-
tonniers qui sifflent et causent beaucoup
en travaillant peu, tout cela nous change
de nos vraies montagnes des Vosges avec
leurs vastes forêts de sapins bien sombres
où nous nous perdions dans les sentiers
à peine tracés au bord des sources claires
dont l'eau vierge avait un goût de neige
fondue.

Et puis cela sent le touriste ; à peine
avons-nous fait quelques kilomètres que
nous avons rencontré dix mendiants de
profession qui réclament : « Une petite
charité s'i vous plaît. » Plus loin un jeune
collégien entuniqué à cheval, des citadins
en char-à-bancs, des Anglais avec des

voiles verts, nous gâtent complètement le paysage.

La cascade du Saut des Cuves est bien belle pourtant, et le cours de la Vologne capricieux et torrentueux donne encore un moment l'illusion de la simple nature.

Quant à Gérardmer, j'aime mieux Enghien (Seine-et-Oise). Le lac de Gérard-mer est plus vaste, mais il est plus triste et moins propre que celui d'Enghien. Tous deux ont le même aspect « environs de Paris ». Des gens se promenaient sur les bords de ce petit lac d'opéra-comique ; ils puaient l'ennui et le confortable, la mala-die, la pose, la tristesse. Un américain comptait les arbres en marchant à grands pas ; un anglais lisait son « guide » ; de jeunes français se dandinaient en s'ennu-yant ; au milieu d'un groupe une pari-sienne laide potinait. Des côteaux avec des villas ressemblant en laid à Mont-morency environnent le lac.

Nous avons hâte de quitter cet affreux pays. Après déjeuner, nous partons bien vite.

Le retour nous ménageait une surprise. Nous étions venus en côtoyant les lacs. Nous regagnons la Schlucht par une route qui les domine. On jouit de cette route dès qu'on arrive un peu haut d'un panorama superbe sur le lac de Longemer d'abord qu'on voit d'ensemble dans toute son étendue ; puis sur le lac Retournemer, noire nappe d'eau au fond d'un gouffre noir. La route est construite au flanc de la montagne et traverse par instants des bouts de tunnels là où la roche n'a pu être qu'à demi entamée. Avant de redescendre vers le col de la Schlucht, nous jetons un dernier coup d'œil sur la vallée des lacs : immédiatement au-dessous de nous le gouffre de Retournemer avec sa minuscule maison forestière ; au loin Longemer d'une étendue interminable, coloré des derniers rayons du soleil couchant ; un grand calme dans ce paysage qui commence par des teintes sombres et va s'éclairant vers l'horizon en feu.

Le chalet de la Schlucht est plus animé que le soir de notre arrivée : nous sommes une quinzaine au dîner. Au déjeuner il y avait près de cent excursionnistes venus de Gérardmer pour faire l'ascension du Hohneck. La table ne manque pas d'intérêt pour l'observateur. Trois jeunes potaches avec leur précepteur, harnachés et équipés comme s'ils devaient faire l'ascension du Mont-Blanc. Un instant avant le repas ils se promènent gravement sur la route en pente douce avec des pics à escalader les rochers. Ils parlent très-haut de leurs « ascensions ». Ils ont mis une journée entière à venir de Gérardmer sans détours. Ils emploieront toute la journée du lendemain à faire l'ascension du Hohneck. Le surlendemain ils descendront en voiture à Munster. Ces jeunes français voyagent d'une façon qui ne les fera certes pas maigrir : mais alors à quoi bon les pics, le costume et le sac ? O Tartarin ! !

A l'autre bout de la table voici quatre jeunes allemands, touristes féroces. Ils ont dû marcher toute la journée très-vite. Ils semblent harassés. Costume très-simple ; sac au dos, une canne, des bottes,

des vêtements larges, très-commodes,
sans chic ; des chapeaux de paille. Ils
dînent ici ; ce soir ils coucheront à la
maison forestière de Retournemer. Ils
pensent y arriver à dix heures. Demain
comme ils ont une grande marche à faire,
ils partiront vers deux heures du matin.
Un grand maigre qui explique l'itinéraire
a de faux airs de don Quichotte. Les
malheureux : qu'avaient-ils le temps de
voir, et combien ont-ils pu durer à ce
régime-là.

Près de nous deux jeunes gens à la
tournure militaire. Ce sont deux sous-
lieutenants de chasseurs à pied qui
voyagent en Alsace ayant dans leur poche
une permission pour Paris. Ils savent
quelques mots d'Allemand et se font passer pour étudiants en droit. Cependant
sur le registre du Chalet Hartmann, qui
est sur le territoire annexé, ils ont signé
hardiment « officiers au N... bataillon
de chasseurs à pied, »

Le plus jeune, sorti l'an dernier de St-
Cyr, fils d'officier, plus instruit que son

compagnon, étudiant beaucoup, est encore plein d'enthousiasme. Il adore son métier avec toute la fougue d'une passion toute neuve, que les déboires n'ont pas encore calmée. L'autre, un peu plus âgé, a l'air plus militaire, plus formé au métier ; il voit les choses plus froidement. Moins travailleur, il rêve de parade et de grande tenue. Ils ont entrepris ce voyage, le plus jeune avec l'intention d'apprendre beaucoup, l'aîné avec l'idée de le raconter au mess, au retour ; et maintenant le voyage tourne tout simplement à la partie de plaisir.

Plus loin voici deux Américains jeunes et taciturnes, en face de deux Russes blonds et muets. Trois Suisses disant du mal de leur compatriote Edouard Rod, l'auteur de « la course à la mort », dont ils méprisent le talent de toute la force de leurs instincts bourgeois et de leur prudhomie grotesque.

Après bien des pourparlers nous obtenons de ne pas coucher au grenier ; on daigne nous donner la petite chambre à deux lits qui y touche. Fatigués de l'insomnie de la nuit dernière et de notre longue course de la journée, nous trouvons bons nos mauvais lits et dormons d'un sommeil de plomb jusqu'au lendemain matin.

De la Schlucht au sommet du Hohneck, c'est une pramenade. Pas de sentiers difficiles ; partout des poteaux indicateurs. Peu de végétation ; bientôt les fleurs naines de la montagne ; plus haut, presque plus que des bruyères et des fleurs d'arnica dans le grand vent qui balaye sans répit le sommet. Une belle vue : d'un côté la vallée des lacs de Retournemer, Longemer, jusqu'à Gérardmer, dans une étroite perspective fuyante ; de l'autre côté, deux vallées, celle de Munster verte, jolie, paisible, riante, avec la petite ville de Munster en bas, bien encadrée dans les bois très touffus qui la dominent ; puis une autre vallée plus étroite, aride, d'un aspect sauvage, sur la droite, et tout alentour de nous vingt pics des Vosges, les premiers tout près, puis d'autres qui s'éloignent en grandissant, et d'autres encore plus loin formant de tous côtés une chaîne d'énormes dentelures sombres dans le ciel bleu.

Après déjeuner, en compagnie des deux jeunes officiers nous descendons vers cette délicieuse vallée de Munster que nous avons entrevue de Hohneck. Un sentier très-raide dans une forêt de pins ; des rochers couverts de mousse ; des ruisseaux courant avec un gazouillement sous les fougères hautes ; dans les arbres où se joue la bise, des chants d'oiseaux et des bourdonnements d'insectes ; une vie intense dans un grand calme, une sérénité profonde. En bas dans la vallée tranquille et paisible, avec la route blanche comme thalweg, la route bordée de mérisiers longeant d'un côté le ruisseau et de l'autre la forêt de pins qui monte jusqu'au col de la Schlucht. La vallée s'élargit à l'approche du village ; voici les longues cités ouvrières avec leurs jardinets, les fabriques, les scieries qui grondent au bord de la petite rivière ; et, pour hori-

zon, les collines bien riantes offrant aux
yeux leur gaie verdure aux tons très-doux.

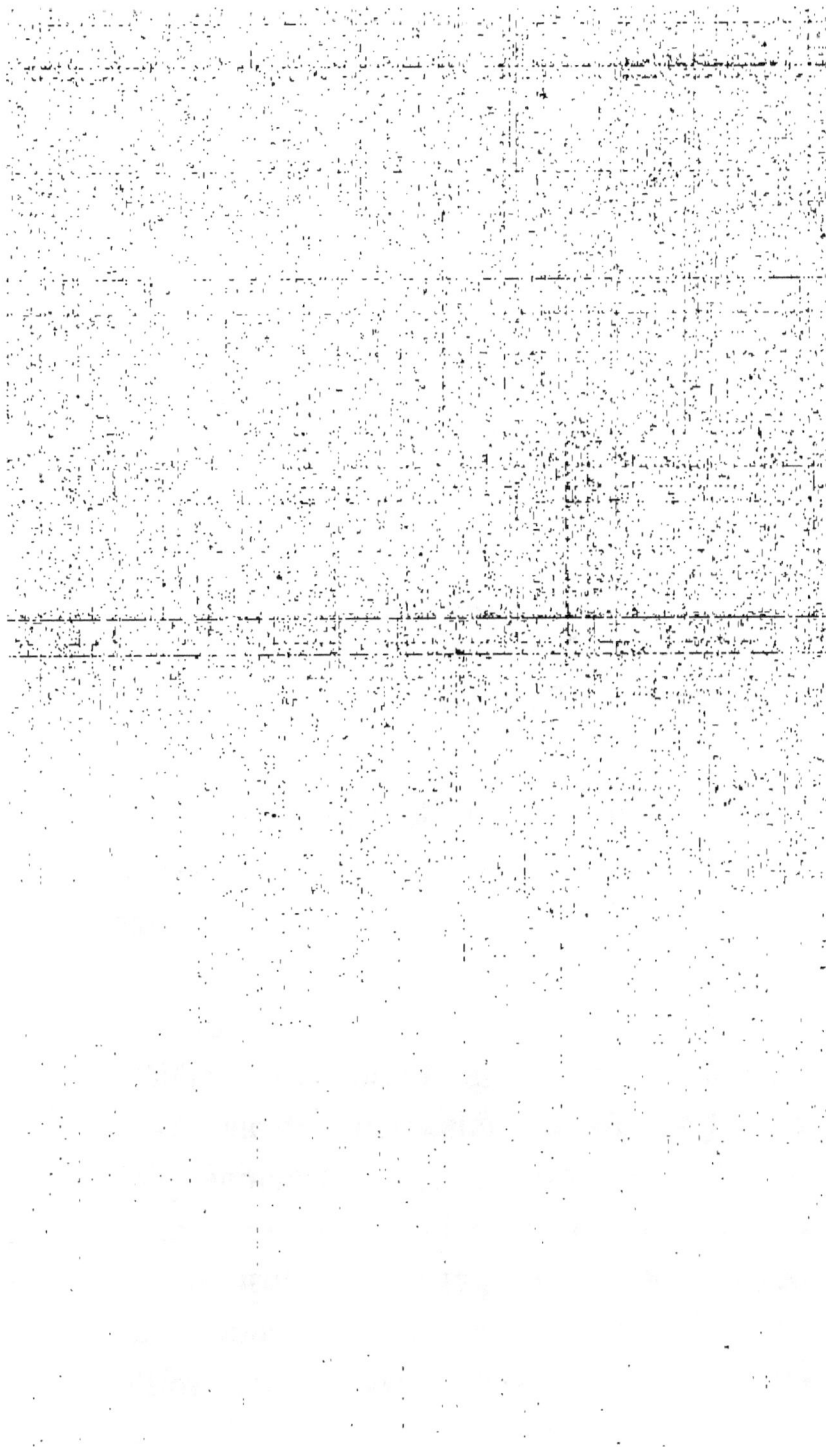

IV

Une assez jolie ville française, gaie, avec de belles promenades; telle est la première impression que nous donne Colmar.

Nous arrivons pour dîner à l'excellent hôlel des Deux-Clefs. Table d'hôte mêlée. Huit français ou Alsaciens, trois Allemands, un Anglais. Nos Alsaciens placés auprès des Allemands, ne manquent pas de parler exclusivement français, de se permettre contre les ennemis mille plaisanteries et mille

allusions que les autres affectent de ne
pas comprendre. Un tout jeune garçon colmarois nous sert : il s'avise de parler allemand en présentant le plat à un
alsacien ; celui-ci se retourne furieux :
« Si tu ne parles pas français, misérable,
lui dit-il, avec un geste approprié, je te
flanque mon pied quelque part. » Les
allemands ont bien entendu cette sortie ;
ils ne bronchent pas. Le pauvre garçon
joue de malheur ce soir ; comme nous lui
demandons les curiosités de Colmar, il
nous cite, après le musée, la statue du
« feld mareschall Rapp ». En entendant
affubler de ce grade allemand le général
français, nos amis se fâchent de nouveau
et font sortir le garçon ahuri.

Au soir, des familles déambulent à
travers les promenades. L'animation ne
manque pas aussi dans le quartier aux
vieilles maisons fort curieuses. Quelques
officiers allemands se mêlent aux promeneurs. Dès qu'ils approchent d'un groupe
tout le monde se met à parler français.
Avant de rentrer à la maison, des famil-

les entières font une station à la brasserie. Puis la nuit gagnant, les rues se
vident, ainsi que les promenades. Auprès
du canal, encore quelques soldats qui
lutinent les bonnes . . . .

Dix heures : nous ne rencontrons plus
que les sentinelles dont le pas régulier
résonne aux portes des chefs militaires ou
des autorités allemandes.

Colmar possède le plus beau musée
d'Alsace. Et ce qui fait la fortune de ce
musée, ce sont quelques toiles du peintre
de la Renaissance, Martin Schongauer,
dit Schon ou Hupsch, le beau, le joli.
Colmar a vu naître plusieurs grands
hommes ; mais elle donnerait toutes ses
gloires pour cette maternité incertaine
d'un grand peintre. Schongauer est-il né
à Colmar ? Ici on le croit. Il est certain
qu'il y mourut en 1488. D'autres vous diront
qu'il vit le jour à Augsbourg, entre 1420
et 1440. Quoiqu'il en soit c'est à l'église
Saint-Martin et au musée de Colmar qu'on
voit ses plus belles œuvres. Le Musée est
installé dans le fort joli cloître des Unter-

linden au milieu duquel s'élève une fontaine supportant la statue de Martin
Schongauer due à cet autre fils de Colmar,
notre grand sculpteur, Bartholdi. Aux
quatre angles de la fontaine sont des figures symboliques personnifiant la peinture,
la gravure, la ciselure et l'étude. Schongauer le fondateur de l'école allemande
du Haut-Rhin fut en effet peintre, graveur
et orfèvre. Il acquit une telle notoriété
dans les arts qu'il professa, que sa renommée s'étendit dans toute l'Europe, et que
son influence s'est fait sentir aussi bien en
Italie qu'en Allemagne, car les premières
compositions de Raphaël révèlent des
réminiscences où l'on voit l'empreinte du
maître de Colmar. Il eut, selon Vasiri,
l'insigne honneur d'avoir un de ses ouvra-
ges, un étrange Saint-Antoine, copié par
Michel-Ange. Peintre réaliste par la ten-
dance à reproduire le laid, parfois même
le hideux ; et pourtant dessinant avec
une irréprochable correction ; donnant à
ses types, dans leurs formes et dans leurs
poses une grande expression et beaucoup

de variété ; il a peint des images de vier-
ges d'un sentiment profond et gracieux,
et des gens du peuple d'une grossièreté
qui fait songer au plus pur naturalisme.
Certaines de ses œuvres ont des bizarreries
déconcertantes, des étrangetés qui révol-
tent ; mais le charme du coloris en certaines autres, la finesse d'exécution, la
grâce des poses et des figures permet-
tent d'admirer d'autant plus la richesse
d'imagination et d'invention.

Plus grand graveur encore que grand
peintre, Schongauer n'a été surpassé par
aucun Maître, ni dans l'école allemande,
ni dans l'école flamande, pour unir en ses
compositions d'une superbe netteté la
force à la délicatesse, la grâce à la puis-
sance d'expression. Le musée contient un
très-grand nombre de fort belles estam-
pes absolument authentiques. Si la plus
belle toile peut-être de Schongauer, sa
vierge aux roses, se trouve à la cathédrale Saint-Martin, le musée possède une
série de tableaux de mérite fort divers,
dont les plus beaux, d'une authenticité

presque certaine sont : une mise au tombeau, une vierge de l'Annonciation, une descente de croix, une vierge adorant l'Enfant et un Saint-Antoine ermite.

Henner et Bartholdi sont les deux grands artistes contemporains nés à Colmar. On voit quelques-unes de leurs œuvres au musée. Celle qui me frappa le plus fut un baigneur endormi de Henner, un tableau dans le format de ceux qu'on exhibe aux Beaux-Arts pour le concours du prix de Rome. On n'y trouve pas encore cette originalité de couleurs qui a fait de Henner un maître sans rivaux comme sans élèves, mais cette œuvre de jeunesse dont les tons un peu vagues ont l'indécision d'une recherche, laisse par quelque hardiesse deviner le peintre de génie. (1).

De Colmar à Bollwiller le chemin de fer

(1) Le musée archéologique de Colmar, assez riche nous parut organisé en dépit de toutes données scientifiques, sans aucun ordre, sans le moindre souci d'une classification quelconque.

côtoie les derniers contreforts des Vosges ; de Bollwiller un petit tramway à
vapeur conduit à Guebwiller. Une jeune
institutrice voyage avec nous dans ce petit tramway. Quelles sont délicieuses, ces
rencontres en voyage ! on passe, une
figure gracieuse et souriante vous occupe
un instant et vous charme. Notre apparition d'aujourd'hui est très-jeune, très-
blonde, toute mignonne ; et deux vers de
Chénier que Musset le divin aimait à
redire, nous viennent à la mémoire en la
regardant :

« Sous votre aimable tête, un cou blanc, délicat,
    Se plie, et de la neige effacerait l'éclat. »

Elle descend à Soultz, et nous ne la
verrons plus...

Guebwiller est une petite ville indus-
trielle qui pendant dix ans après l'anne-
xion a été affligée d'une garnison allemande. On parle le Français couramment,
et l'école se fait encore en français.
Guebwiller possède deux églises, l'une
d'un pur roman du XIIᵉ siècle, l'autre de

l'époque anti-artistique où régnait la rocaille, du très-mièvre XVIIIe siècle.

Cette ville n'offrirait pas grand intérêt par elle-même si elle ne se trouvait au pied du Ballon qui est le plus haut sommet des Vosges (1428 mètres).

Le jour de l'Assomption, au matin, nous suivons la grande rue de Guebwiller, très longue, qui se termine par des cités ouvrières. Puis, par un chemin rapide, nous commençons à monter. Il fait très chaud ; une grande sécheresse règne en cette partie de l'Alsace ; beaucoup de lits de ruisseaux sans une goutte d'eau ; un grand nombre de vieux arbres morts ajoutent encore à l'impression de sécheresse. Par éclaircies cependant, nous apercevons des vallées encore bien vertes et jolies. Après une longue marche, les chaumes avec la maigre flore des montagnes, bruyères naines, arnica, gentiane, quelques pensées. Le dirai-je ? bien que le plus élevé des pics vosgiens, le Ballon de Guebwiller est loin d'être le plus intéressant. Nous n'avons trouvé sur notre route,

ni la fraîcheur des sites de Sainte-Odile,
ni la grandeur des vertes forêts de pins
du Schneeberg, ni la variété et les surprises de la montée du Hoh-Kœnigsbourg.
Une désillusion et une joie nous atten-
daient pourtant au sommet. On nous avait
prédit une vue superbe sur toutes les
Vosges, la Forêt-Noire, le Jura, les
Alpes, que sais-je ? pour un peu on nous
aurait promis l'Himalaya à l'œil nu.
Hélas ! le soleil étant encore très-haut
dardait sur nous ses rayons aveuglants ;
noyés dans des flots de lumière, nous
n'apercevions les pics, même les plus
voisins, que dans un miroitement des plus
désagréables.

Nousrestions accoudés aux ruines d'une
maisonnette détruite depuis peu par une
explosion de dynamite, et qui se trouvent
tout au sommet ; nous attendions, nous
appelions un nuage qui viendrait tamiser
un peu cette lumière trop crue, lorsque,
tout près de nous, dans le sentier qui
monte, une sonnerie retentit, vive, alerte,
ardente. Avons-nous bien entendu ? Mais

oui : c'est la charge, notre charge française. Une dizaine de jeunes gens d'une société de gymnastique alsacienne suivent les deux clairons qui sonnent si gaillardement. Arrivée au sommet, la petite troupe fait halte, un drapeau rouge est arboré aux cris de : « Vive la République, » et nos courageux gymnastes entonnent à pleine voix et à plein cœur, le chant de protestation :

> « Vous n'aurez pas l'Alsace et la Lorraine,
> Et malgré vous nous resterons Français ! »

. . . .

Descente vers Murbach par un sentier de schlittes, d'une rapidité vertigineuse. Au hameau de Murbach, nous cherchons une auberge. A une porte, une branche de houx ; nous entrons. Une vaste pièce voûtée, aux fenêtres en ogive ; nous nous trouvons dans un reste de bâtiment de l'ancienne Abbaye de Murbach, jadis très importante. (1) Un grand nombre de ces

---

(1) En 1260, l'abbé de Murbach entretenait 500 chevaux ; il était seigneur de la ville de Lucerne,

vestiges sont encore debout et servent
d'habitation ; on est tout étonné de voir
à des maisons d'apparence très simple,
de superbes fenêtres du style flamboyant.
A l'entrée du village, les restes d'une
porte très vaste. L'église qui fût bâtie en
l'an mil, serait une des plus belles de
cette partie de l'Alsace, si la nef n'en avait
été entièrement détruite. Notre aubergiste
se trouve être une jeune femme qui ne sait
pas un mot de français et qui parle le plus
étrange idiome alsacien que nous
ayons encore entendu. Nous ne la compre-
nons pas du tout et elle ne nous entend
guère. Après de longs pourparlers qui
nous amusent beaucoup et la font beaucoup rire, elle nous apporte pour déjeûner,
d'abord du fromage de gruyère, puis des
œufs à la coque ; nous arrosons ce déjeuner frugal d'excellent vin blanc. Quelques

---

en Suisse ; il avait le titre de prince de l'Empire
et était l'un des quatre qui tenaient rang au-dessus
de tous les abbés de l'Allemagne. (Laguille. *Histoire de la province d'Alsace*).

petits verres d'un kirsch exquis, le meilleur que nous ayons goûté en Alsace,
achève de nous lester pour la suite de notre
excursion.

Nous revenons de Murbach à Guebvil-
ler, au fond des charmantes vallées du rû
de Murbach et de la Lauch. Le son des
cloches, les chants religieux, les harmo-
nies de l'orgue de l'église de Bühl viennent jusqu'à nous, dans la tiédeur de cette
belle journée d'été. A mesure que nous
approchons de Guebwiller, nous sommes
étonnés de la tranquillité et de la solitude
des rues. Toute la population est à l'église.
Nous arrivons pour la sortie des vêpres.
La vieille église Saint-Léger regorge de
fidèles. Une procession de jeunes filles,
robes blanches et longs voiles blancs, en
fait le tour ; un grand nombre d'hommes,
coiffés du chapeau mou à larges bords,
des vieillards portant l'habit à la française suivent la procession. Les femmes
n'ont plus le costume d'Alsace : elles
portent de banales robes d'indienne ou
de lainage aux couleurs bigarrées et

d'horribles chapeaux à l'instar des bour-
geoises de petite ville. Enfants et jeunes
filles n'ont plus ces teints resplendissants
et cette vigueur d'allure que nous trou-
vions dans la montagne. Race de la plaine,
peuple de fabrique. Nous avons retrouvé
toutefois à notre étonnement, dans ce
centre ouvrier, une religion, une piété
sincères dont les populations ouvrières de
France sont bien éloignées.

..... Et maintenant, adieu les Vosges,
les chères montagnes où nous avons passé
de si heureux moments! En route pour
Mulhouse. En plaine, nous apercevons
encore la note verte des dernières collines
boisées; de l'autre côté, tout au loin,
disparait dans un fonds gris la Forêt-
Noire.

Mulhouse, ville de fabriques, très-française. Plus intéressante pour l'ingénieur
ou l'industriel que pour le touriste ama-
teur de beaux sites et de riche nature. On
peut s'y ennuyer consciencieusement pendant deux ou trois heures. Plus longtemps
ce ne serait plus de l'ennui, ce serait la

mort, une mort bien triste, au milieu du bruit des machines, dans la fumée des longues cheminées noires, et les odeurs répugnantes des usines. Fin navrante d'un si beau voyage !...

De Mulhouse à Belfort, sauf quelques échappées sur la riante vallée de l'Ill, peu d'intérêt...

A notre rentrée en France, l'attitude des employés de chemins de fer français comparée à celle des allemands nous frappe. Au moment de passer la frontière nous descendons quelques minutes à la dernière station ; un employé nous salue en disant : « Veuillez monter, messieurs. » A la première station française, après la visite des bagages, un chef de train français nous interpelle dans le même but : « Eh ! là bas, on ne monte pas, quoi ! »

Mais cette impression désagréable est bien compensée par la joie de ne plus voir les tristes uniformes Allemands et de retrouver à Belfort les gais pantalons rouges des lignards et les clairs dolmans des chasseurs à cheval.

Nous éprouvons un grand bonheur à nous retrouver ainsi en France Et pourtant ce n'est pas la joie vive, spontanée, profonde qu'on retrouve au retour de l'étranger. Ce ne sont pas des villes allemandes que nous venons de quitter ; ces braves alsaciens à l'accueil si cordial n'étaient-ils pas nos frères ? N'était la vue des soldats prussiens, il nous semble que nous venons de visiter une province sinon de même langue et de même esprit, du moins de même cœur. Entre Kehl, et Strasbourg, entre Mulhouse et Bâle nous avons trouvé des différences que nous ne soupçonnions pas, et qui marquaient des peuples tout à fait distincts. A Strasbourg, à Colmar, à Schlestadt, à Mulhouse, c'est le même regret de la patrie française que nous avons rencontré. Quinze ans de conquête n'avait pu détacher de la France cette riche, riante, hospitalière et bien-aimée province d'Alsace.

FIN.

APPENDICE

APPENDICE

~~~~~~~~~~

NOTE I.

(Voir page 25.)

——————

Le Hoh-Barr et la confrérie de la Corne

——————

En 1586 le Hoh-Barr tombait en ruines ; les temps, les guerres, les tempêtes l'avaient dévasté. L'évêque Jean de Manderscheid le sauva et le rétablit. Pendant que le bon prélat voyait les murailles et les tours se relever, une fantaisie innocente, mais originale pour un prince de l'Eglise, traversa son imagination : « J'ai bien envie, pensa-t-il, de faire de ce nid d'aigles le Capitole des Francs-Buveurs de mon évêché ; ils ne le trouveront pas trop haut dès qu'ils le sauront pourvu de bon

vin. Il y a assez de Sorbonnes qui ont jeté
le trouble dans les esprits et la désunion
dans les cœurs ; j'en veux créer une dont
les dogmes ne susciteront ni schisme, ni
hérésie dans ce bon pays d'Alsace. » Ce
rêve souriant prit un corps, et, le 17 mai
1586, Jean institua au Hoh-Barr une confrérie de buveurs sous le titre de « Confrérie de la Corne ». D'où venait ce nom ?
Des profondeurs mêmes des anciennes
mœurs germaniques ; nos ancêtres aimaient à boire dans ces immenses cornes
de buffles, souvenir et trophée de leurs
chasses ardentes. Jean de Manderscheid
en avait trouvé une dans l'héritage de
ses pères ; elle contenait quatre litres. Il
en fit don à son académie poculative, vou-
lant que le symbole répondit au titre, et
le principal instrument de travail au
symbole. Elle était artistement ferrée de
trois cercles de cuivre doré qui portaient
ces légendes :

En haut :

*India remota cornu dedit, da Deus pre-
sens presidium huic arci, tuoque favore
cornu illius evehe*

Au milieu :

Reperi destitutum, reliqui munitum, manent tibi tuta custodia.

En bas :

Non minor est virtus quam quærere parta tueri.

Pour être jugé digne d'entrer dans l'alliance des buveurs du Hoh-Barr, il fallait faire ses preuves de capacité. Celui-là seul était proclamé membre du vénérable corps, qui vidait d'un seul trait la vaste corne remplie de deux pots de vieux Lüppelsperger, de Volxheim doré ou de vin du Rhin. Les faibles et les infirmes qui succombaient à l'épreuve étaient repoussés..... Les Suédois passaient déjà le Rhin (guerre de Trente ans) que la confrérie du Hoh-Barr faisait encore des réceptions. La menace d'une invasion n'avait pu refroidir l'enthousiasme de ceux qui aspiraient à devenir chevaliers de l'ordre consolateur de la Corne. Christophe de Wangen, François de Landsperg, et Jean - Christophe de Landsperg, trois enfants du pays,

10

triomphèrent bravement de la Corne. Ils firent plus que leur devoir, puisqu'ils la vidèrent deux fois au lieu d'une, comme l'atteste le distique dont ils firent précéder leurs noms :

Cornu quod quondam repetita liberunt
Insignes scribunt nobilitate viri.

Alsaciens, nobles, bons latinistes, grands hellénistes de bouteille ; la chose est claire : ils étaient chanoines. L'abbé de Neubourg, Adolphe Braun, un plébéien qui se fit recevoir le même jour qu'eux se contenta de boire le contingent obligé, ce qui le priva des honneurs de la poésie, et le réduisit à la modestie de cette prose : « *Anno 1632, die 10 septembris, cornu exhausit qui supra nomen suum apposuit, frater Adolphus abbas novi castri* »... Le trente-un janvier 1634, le comte Hermann-Adolphe de Salm, chanoine de la cathédrale de Strasbourg et administrateur de l'évêché, remit le château de Hoh-Barr aux troupes de

Louis XIII, et « l'on a bu dans la grande
corne le Vidercome »...

Le premier gouverneur français du
Hoh-Barr fut Isaac de Saint-Simon, un
grand-oncle de l'incomparable peintre
des *Mémoires*. Il voulut être de la confrérie et n'attendit pour cela que la fin
de l'hiver. Le 17 avril 1634, il monta à la
forteresse et « but avec toute la cérémo-
nie dans la corne »... Le registre de la
confrérie contient le nom des buveurs
avec la date de leur entrée dans la « récréa-
tive académie ». Il se termine au 19 sep-
tembre 1635 par la mention suivante :
« Nous, Lacoudrey et Dez, avons rendu
honneur à la Corne, bu à la santé du Roy,
et après avoir rendu hommage à ladite
Corne, l'avons remise audit lieu, avec les
cérémonies requises »... Le 15 novembre
1635, le général des Impériaux Gallas
surprit le Hoh-Barr. On ne sait pas si lui,
ses lansquenets et ses reîtres honorèrent
la corne de Manderscheid. S'ils y burent,
ce qui est probable, ce fut grossièrement,
brutalement, sans aucune dévotion, et

sans laisser un souvenir de tendresse ou de reconnaissance, ni le moindre témoignage d'intérêt pour une institution éminemment allemande. Le Huh-Barr fut repris sur Gallas le 15 juillet 1636 par le cardinal de Lavalette et Bernard de Saxe-Weimar. Le siège vénéré de la confrérie des buveurs était donc délivré de ses profanateurs. Mais ses destins étaient accomplis. Le traité de Munster rendit le Hoh-Barr à l'évêque, mais démantelé, déshonoré. L'association des francs-buveurs s'éteignit le jour même où l'équilibre politique du monde moderne fut trouvé. La corne bien-aimée qui n'était plus qu'un fantôme dans une ruine descendit de la montagne découronnée et chercha un asile dans le château de l'évêque...

(Ch. Gérard. *L'Ancienne Alsace à table.*)

NOTE II.

(Voir page 33.)

Traitement des différents fonctionnaires en Alsace

~~~~~~~~~~

	Marks	Francs
Préfets (Strasbourg et Metz)	18.000	22.500
Sous-préfets Kreisdirectoren ou directeurs de cercles.	7200	9000

JUSTICE

Referendar ou stagiaire pendant trois
   ans, sans émoluments.

	Marks	Francs
Assessor, sorte de juge suppléant	2400	3000
Juges répartis en treize classes.	de 3300 à 6600	de 4125 à 8250

(On monte d'une classe à peu près tous
les 3 ans, avec augmentation de 300 M.
ou 375 f. par an).

Vice-président, conseil- **Marks Francs**
ler ou procureur. . . . . de 6300 de 7875
à 9000 à 11.250

Le juge de la première classe qui ob-
tient de l'avancement voit ses appointe-
ments réduits de 6600 M. à 6300 M.

Marks Francs

Président (3 classes.)
de 9000 de 11250
à 11200 à 14000

(Les juges de paix sont sous tous les rap-
port assimilés à leurs collègues les juges).

CLERGÉ

	Marks	Francs
Curés. Trois classes		
1re Classe (toujours en ville).	1800	2250
2e Classe	1500	1875
3e Classe	1200	1500
Vicaires dans les villes . . .	960	1200
Vicaires, dans les campagnes	480	600

POSTES ET TÉLÉGRAPHES

	Marks	Francs
Employés (Secretair)	1200	1500

Facteurs (auxiliaires non commissionnés),
par mois : de M. 60 à M. 90, de francs 75

à fr. 112,50. Facteurs commissionnés, par mois : de M. 90 à M. 130, de francs 112,50 à fr. 162,50. Facteurs ruraux, par mois : de M. 60 à M. 90, de francs 75 à francs 112,50.

SERVICES FORESTIERS

	Marks	Francs
Gardes	1000	1250
Brigadiers forestiers	1500	1875
Gardes généraux	3300	4125

NOTE III.

(Voir page 96.)

Notice historique sur le château de Hoh-Kœnisbourg.

I. — PÉRIODE LORRAINE (jusque vers 1380)

Origine du château inconnue.

Le Hoh-Kœnisbourg forme, avec Saint-Hippolyte, un fief des ducs de Lorraine.

1250. — Les de Werde, landgraves de la Basse-Alsace.

1267. — Les seigneurs de Rathsamhausen, co-propriétaires.

1350. — Les comtes d'Oettingen, landgraves de la Basse-Alsace.

1350 à 1380. — Les d'Oettingen vendent le château avec Saint-Hippolyte au siège épiscopal de Strasbourg; la maison de Lorraine maintient ses droits; lutte entre cette maison et les évêques auxquels le château finit par rester, tandis que Saint-Hippolyte retourne aux ducs de Lorraine.

II. — PÉRIODE DES ÉVÊQUES DE STRASBOURG (1380 à 1470)

Le château séparé de Saint-Hippolyte.

1454 à 1462. — Le château au pouvoir de bandes de pillards.

1462. — Siège et démolition du château qui passe aux mains des Habsbourg.

III. — PÉRIODE DES HABSBOURG D'AUTRICHE (1470 à 1633)

Orschwiller est englobé dans le fief du Hoh-Kœnigsbourg.

1480. — Le comte de Thierstein. Reconstruction du château.

1517 à 1533. — Des commandants commissionnés par la maison d'Autriche sont préposés à la garde du château.

1533. — Donné en gage aux Sickingen.

1606. — Auxquels succède Rodolphe de Bollwiller.

1617 à 1633. — Les comtes Fog ge ;
siège et destruction du château par les
Suédois ; défense héroïque de Philippe
de Lichtenau.

Depuis cette époque le château n'est
plus qu'une ruine.

COPIE *d'une inscription au Hoh-Kœnigsbourg.*

« Les ruines du château du Hoh-Kœnisbourg déblayées et en partie consolidées,
de 1856 à 1864, sous les auspices de M.
Migueret, préfet du Bas-Rhin, fondateur
de la Société pour la conservation des
monuments historiques d'Alsace, ont été
acquises par l'administration municipale
de Schlestadt, en 1864, M. Knoll étant
maire. »

TABLE DES MATIÈRES

———

FIN DE LA TABLE

Privas. — Imprimerie Ardéchoise.

www.ingramcontent.com/pod-product-compliance
Lightning Source LLC
Chambersburg PA
CBHW052359090426

42739CB00011B/2435